Andrea Fink

Sprossen & Keime

Andrea Fink

Sprossen & Keime

BLV Verlagsgesellschaft
München Wien Zürich

CIP-Titelaufnahme der Deutschen
Bibliothek

Fink, Andrea:
Sprossen & [und] Keime /
Andrea Fink. [Fotos: Frank Millies]. –
München; Wien; Zürich:
BLV Verlagsgesellschaft, 1988
   (BLV Essen und geniessen; 552)
   ISBN 3-405-13492-7
NE: GT

BLV Essen und genießen 552

© 1988 BLV Verlagsgesellschaft mbH,
München
8000 München 40

Fotos:
Frank Bihler, Eigeltingen, Seite 2
Biokosma GmbH, Konstanz, Seiten 19, 59
Goldbachmühle Fink GmbH, Herrenberg, Seite 18
alle anderen: Frank Millies
Titelfoto: Pete A. Eising
Zeichnung: Waltraud Berger

Satz und Druck: Appl, Wemding
Bindung: R. Oldenbourg, München

Printed in Germany · ISBN 3-405-13492-7

Zu diesem Buch

Wie wertvoll Sprossen für die menschliche Ernährung sind, wußten die Chinesen bereits vor 3000 Jahren zu schätzen. Sie haben die Mungobohne, die kleine grüne Schwester der gelben Sojabohne, eigens dafür gezüchtet. Den Chinesen wird sogar nachgesagt, die Sprossenzucht entdeckt zu haben. Sprossen sind jedoch nicht nur der chinesischen Küche bekannt; in Indonesien finden Sojasprossen große Verbreitung, und in Indien haben Bohnen- und Erbsenkeimlinge eine lange Tradition.

Doch so exotisch sind Sprossen eigentlich nicht. Immerhin wird in Deutschland seit Jahrhunderten das Bier nach alter Braukunst aus gekeimter und gemälzter Gerste hergestellt. Die afrikanischen Frauen nehmen dazu übrigens gekeimte Hirse. Gekeimter Hafer als Hühner- und Pferdefutter ist auch in westlichen Ländern seit langem bekannt und geschätzt.

Die heilende Wirkung von Sprossen bei der sogenannten Seefahrer-Krankheit (Skorbut), einer Vitamin-C-Mangelerscheinung, wurde gegen Ende des 18.Jahrhunderts entdeckt. Seit Anfang des 20.Jahrhunderts, dem Zeitpunkt der wissenschaftlichen Entdeckung und Bestimmung der Vitamine, ist nun auch bei uns bewiesen, was andere Völker längst wußten: Sprossen und Keime sind wertvoll für die menschliche Ernährung. Und wissenschaftlich ausgedrückt heißt das, daß Keimlinge gegenüber dem Ausgangssamen einen höheren Gehalt an Vitamin C, vor allem aber an B-Vitaminen haben.

Sprossen für die menschliche Ernährung kommen hierzulande erst jetzt richtig zur Geltung. Ihre Popularität verdanken sie der Debatte um Vollwertkost und der damit verbundenen Kritik an den industriell stark verarbeiteten und rückstandsbelasteten Nahrungsmitteln. Sprossen und Vollwertkost gehören zusammen. Die eiweiß- und vitaminreichen Keimlinge ergänzen auf geradezu ideale Weise alle Getreide- und Rohkostgerichte. Sie werden natürlich am besten roh verzehrt, nur so kommt ihre Frische und Vitalität zum Tragen.

Sprossen sind aber auch ein Stück unmittelbar erfahrbare Natur. Sie machen uns die Lebendigkeit unserer Nahrung bewußt, sind eine Welt für sich. Und es ist fast ein bißchen Zauberei, wenn ohne Erde, nur mit Wasser, Luft und Wärme aus einem ruhenden Samen ein Sproß wächst und neues Leben beginnt. Der Prozeß des Keimens und Gedeihens einer Pflanze fasziniert nicht nur Kinder. Aber gerade für Kinder kann der Umgang mit der Sprossenzucht lehrreich und vergnügliche Freizeitbeschäftigung sein.

Für Sprossen als Nahrungsmittel sprechen auch ganz praktische Gründe: Im Winter, wenn Import-

und Gewächshausgemüse pestizidbelastet und teuer sind, sind sie eine preiswerte und vor allem stets verfügbare Alternative.

Sprossen regen an zum Ausprobieren, denn ihre Verwendung in der Küche ist vielfältig. Ob süß oder herzhaft, ob roh im Salat, als Brotaufstrich oder gedünstet als Beilage in Aufläufen, Pfannkuchen oder im Omelett – Phantasie und Geschmack sind keine Grenzen gesetzt. Sprossen schmecken ganz unterschiedlich. Ausschlaggebend sind Anzucht, Zubereitung und die Sprossenmischung in den verschiedenen Gerichten. Davon handelt dieses Buch. Es wird Ihnen über den Nährwert der Sprossen berichten, praktische Anleitungen und Tips zur Sprossenzucht geben. Vor allem aber will es Ihnen Anregungen geben, wie Sie Ihren Speiseplan um die abwechslungsreichen und gesunden Sprossen und Keime erweitern können.

Probieren Sie es einmal! Dazu wünsche ich Ihnen gutes Gelingen!

Andrea Fink

Keime, Sprossen, Keimlinge – wie heißen sie denn nun?

Etwas Sprachverwirrung herrscht schon darüber, wie sie nun benannt werden sollen, diese kleinen Dinger. Was ist ein Keim? Was sind Sprossen? Wie unterscheiden sich davon die Keimlinge? Vorneweg, in diesem Buch werden die Begriffe Keime, Keimlinge und Sprossen im gleichem Sinne verwendet. Das hat sich so eingebürgert, auch wenn im streng botanischen Sinne es keine Sprossen gibt, sondern nur einen Sproß. Dieser unterscheidet sich vom Keimling durch seine beiden grünen Blätter. Als Keim wird dagegen der ruhende oder wachsende, sich aus den beiden Keimblättern speisende Teil des Keimlings bezeichnet, aus dem einmal der Sproß wird. Die Keimphase ist mit der Ausbildung der beiden grünen Blätter beendet.

Inhalt

Rezepte

Sprossen und Keime

Der Keim –
wertvoller als der Same

Samen in der Küche zu verwenden, ist nichts Neues: Getreide wird vermahlen und zu Brot verbacken, Hülsenfrüchte werden eingeweicht und gekocht. Was aber macht das Besondere von gekeimten Samen aus? Um dies zu verstehen, müssen wir uns etwas mit dem Aufbau des Samens und den Vorgängen während seiner Keimung beschäftigen.

Die Samenschale umhüllt die beiden Keimblätter. Zwischen den Keimblättern, tief im Inneren des Samens verborgen, liegt der Keim oder Embryo. Samenschale und Keimblätter enthalten alle Stoffe, die der Embryo zum Wachstum braucht. Wenn das Wasser den Samen aufquellen läßt, werden all diese Stoffe aktiviert. Sie werden ab-, um- und neu aufgebaut, um den wachsenden Keimling zu ernähren. Dadurch erhöht sich der Nährwert der Keime, dadurch wird der Vitamin- und Enzymgehalt gesteigert und es verbessert sich die Verdaulichkeit der Fette und Eiweißstoffe.

Mehr Eiweiß,
weniger Kalorien

Am besten erforscht ist die Nährstoffzusammensetzung von Bohnen-, Linsen-, Sojabohnen und Luzernesprossen. Das ist nicht weiter verwunderlich, denn sie gehören zu den bekanntesten Sprossen.

Ein Same hat rund 10 Prozent *Wasser* gespeichert. Der vier Tage alte Keimling besitzt dagegen rund 90 Prozent Wasser. Entsprechend nimmt die Energie- oder *Kaloriendichte pro 100 Gramm* ab. Die Sprossen werden dem Gemüse immer ähnlicher. *Kohlenhydrate* wie Stärke oder Zucker sowie Fette und Ölstoffe der Keimblätter liefern Energie und sind zugleich Baustoffe für den Keimling. Im Verlauf der Keimung werden sie abgebaut oder zu leichter verdaulichen Stoffen umgebaut. Fett- und Kohlenhydratgehalte nehmen daher im Verlauf des Sprossenwachstums ab. Das *Eiweiß* wird ebenso in seine Bausteine, die Aminosäuren, zerlegt, aber auch in Form von Enzymen neu aufgebaut. Der Eiweißgehalt von Mungobohnen- und Luzernesprossen steigt deutlich an.

Viele Vitamine

Ähnlich den Enzymen sind auch Vitamine Wirkstoffe, die für die Regulierung des Stoffwechsels und damit für das Wachstum der Pflanze große Bedeutung haben. Sie werden während der Keimphase in hohem Maße neu gebildet. Der um ein Vielfaches höhere Vitamingehalt von gekeimtem im Vergleich zu ungekeimtem Samen findet darin seine Erklärung.

in der Ernährung

Vitamine des B-Komplexes

Keime sind reich an Riboflavin (B_2), Niacin, Thiamin (B_1). Die Vitamine des B-Komplexes gehören aufgrund der allgemein schlechten Vitamin-B-Versorgung der Bevölkerung zu den wichtigsten überhaupt. Sie sind u.a. wichtig für die Funktionstüchtigkeit des Herzens, des Nervensystems und der Haut. Gekeimte Hülsenfrüchte, Luzerne- und Getreidesprossen sind ausgesprochene Vitamin-B-Träger. So verdreifacht sich der Riboflavingehalt der Luzerne und der Mungobohne nach drei Tagen Keimzeit.

Vitamin C

Auch der Gehalt an Vitamin C (Ascorbinsäure) steigt bei Soja-(Mungo)bohnen und anderen Bohnenkeimlingen um das vier- bis zwanzigfache an. Da jedoch der Ausgangsgehalt der Samen an Vitamin C recht bescheiden ist, wird letztlich der Vitamin-C-Gehalt vieler Keimlinge vergleichbar mit dem anderer Gemüsearten.

Mineralstoffe

Die Veränderung des Mineralstoffgehaltes durch die Keimung wird in der entsprechenden Literatur sehr unterschiedlich eingeschätzt. Man vermutet, daß sich die Form vieler Mineralstoffe während des Keimens verändert. Schlecht verdauliche Formen werden in besser verdauliche, sogenannte Chelate,

überführt. Hat ein Keimling erste Wurzeln hervorgestreckt, kann er auch Mineralstoffe aus dem Gießwasser aufnehmen. Der Mineralstoffgehalt der Sprossen hängt damit auch von der Zusammensetzung des Gießwassers ab. Die an verschiedenen Stellen beschriebene Steigerung des Mineralstoffgehaltes durch die Keimung könnte darin ihre Erklärung finden. Hülsenfrüchte sind sehr mineralstoffreich. Im Gegensatz zu vielen anderen Bohnen ist die Mungobohne zudem reich an Calcium und Magnesium (wichtig für den Knochenaufbau). Die Sojabohne besitzt viel Eisen (für die Blutbildung), Calcium und Kalium, reich an diesen Stoffen sind daher auch ihre Sprossen.

Ballaststoffe und Verdaulichkeit

Ballaststoffe fördern die Verdauung. Die Samenschalen, insbesondere die der Hülsenfruchtkeime, sind reich an Ballaststoffen. Die Verdaulichkeit und damit der Nährwert wird durch die Keimung verbessert. Dies gilt in besonderem Maße für die an sich schwer verdaulichen Hülsenfrüchte. Ihre Blähungen verursachenden Inhaltsstoffe, Raffinose, Stachyose, werden bei der Keimung abgebaut. Ebenfalls reduziert wird der Phytinsäuregehalt von Kichererbse, Sojabohne und Linse. Phytinsäure

Sprossen und Keime

1 Weizen
2 Buchweizen
3 Sojabohnen
4 Linsen

Anwendung

Vermehrt wird in der Presse von einem zu hohen Keimgehalt der Sprossen berichtet und dazu geraten, Sprossen grundsätzlich vor dem Verzehr kurz abzukochen. Es ist richtig, das feuchtwarme Klima begünstigt nicht nur das Wachstum des Keimlings, sondern auch das der Pilze und Bakterien. Einer schädlichen Vermehrung dieser Keime kann jedoch vorgebeugt werden. Deshalb ist häufiges und gründliches Spülen der Sprossen so ungemein wichtig und darf nicht unterlassen werden. Verschimmelte Sprossen, auch wenn sich nur wenige Schimmelnester gebildet haben, und muffig riechende Sprossen dürfen nicht verzehrt werden. Ansonsten ist der Verzehr von Sprossen wirklich unbedenklich.

in der Ernährung

mindert die Verdaulichkeit von Eiweiß und Mineralstoffen. Gekeimte Hülsenfrüchte sind also wesentlich bekömmlicher als gekochte. Trotzdem:

Manche Bohnenkeimlinge müssen gekocht werden

In Bohnen und Sojabohnen gibt es sogenannte Tripsin-Inhibitoren und Hämaglutinin, die für den menschlichen Körper wenig bekömmlich und sogar giftig sind, wenn sie in größeren Mengen verzehrt werden. Sie werden durch den Keimvorgang *nicht abgebaut,* sondern nur durch Hitze zerstört. Gekeimte Sojabohnen und Gartenbohnen müssen daher vor dem Verzehr unbedingt blanchiert oder gekocht werden.

Die Nitratproblematik

Bedeutsam und berechtigt ist die Frage nach dem Nitratgehalt der Sprossen und Keime. Leider gibt es dazu erst wenige Untersuchungen. Vorweg: Nitrat ist kein Gift, sondern ein notwendiger Eiweißbaustein. Da Nitrat jedoch im Magen zu Nitrit umgewandelt wird und sich mit Aminen zu krebserregenden Nitrosaminen verbinden kann, sollte darauf geachtet werden, die tägliche Nitratmenge so gering wie möglich zu halten. Hauptlieferanten für Nitrat sind unser Trinkwasser und etliche Treibhausgemüse.

Nitrat in Sprossen und Keimen, so eine Untersuchung an der Fachschule Niederrhein (Boese und Rohde, 1985), kann in der Tat zum Problem werden, wenn bei der Sprossenzucht Trägermaterialien wie Watte, Vliese o.ä. verwendet werden. Eiweißreiche Samen, wie z.B. Hülsenfrüchte, besitzen selbst wenig Nitrat, ihre Keimlinge jedoch erreichen durch die Eiweißmobilisierung zunächst relativ hohe Nitratwerte. Mit zunehmendem Wachstum wird das Nitrat aber zum Aufbau neuer Eiweißstoffe in den Sprossen verwendet. Entsprechend mindert sich der Nitratgehalt beim Wachsen. Da Licht zum Aufbau von Eiweiß notwendig ist, sollten die Keime während der letzten Keimtage ans Licht gestellt werden. Licht mindert den Nitratgehalt deutlich.
Trotzdem, so diese Untersuchung, wurden in Weizen- und Azukibohnen- (rote Sojabohnen)sprossen Nitratwerte bis zu 2000 Milligramm pro Kilogramm ermittelt. Das entspricht den Werten von Treibhausgemüse. Allerdings, und das sei als Trost angemerkt, sind Sprossen im Gegensatz zu Treibhausgemüse nicht noch zusätzlich mit Chemikalien belastet.

Sprossen und Keime

Sprossen und Keime im Vergleich zu anderen Gemüsearten

Sprossen sind leicht verdaulich und haben aufgrund ihres hohen Wassergehaltes wenig Kalorien. Sie ähneln damit in vielerlei Hinsicht stärker dem Gemüse als den Samen und Körnern, aus denen sie hervorgegangen sind. Sind Sprossen aber auch wirklich jene »wahren Energie- und Vitaminbündel«, als die sie so gerne bezeichnet werden?

An der Fachhochschule Niederrhein gingen zwei Ernährungswissenschaftlerinnen dieser Frage nach und verglichen Keimlinge mit anderen Salatgemüsearten.

- Luzerne-, Soja- und Linsenkeime haben einen durchaus vergleichbar hohen Gehalt an Vitamin C wie Kopfsalat, Tomaten oder Chinakohl. Wird jedoch in üblichen Verzehrsportionen gerechnet, sieht das Bild schnell anders aus: 1 Portion Linsensprossen kann den Tagesbedarf an Vitamin C zu 45 Prozent decken, 1 Salatportion hingegen nur zu 9 Prozent.

- Sprossen zeigen ihre Überlegenheit im Gehalt an den wichtigen Vitaminen B_1, B_2, B_3 und E. 150 Gramm Linsensprossen oder 200 Gramm Sojasprossen decken den Tagesbedarf des Menschen an Thiamin (B_1) zu einem Viertel und zu 10–20 Prozent den Bedarf an Riboflavin (B_2). Nur Paprika und Fenchel kommen diesen Werten nahe.

Sprossen sind auch bessere Eisenlieferanten als diese Gemüsearten. Insbesondere gilt dies für Linsensprossen: 1 Portion deckt fast ein Drittel des Tagesbedarfes eines erwachsenen Menschen.

- Auch im Ballaststoffgehalt sind Sprossen den untersuchten Gemüsearten überlegen:

Gesamtballaststoffgehalt In Gramm pro 100 Gramm Frischsubstanz	
Luzernesprossen	6,8
Linsensprossen	4,4
Mungobohnensprossen	2,0
Sojabohnensprossen	8,8
Paprika	1,4
Tomaten	0,9
Gurken	0,4
Chinakohl	0,9

- Und noch ein Vorteil von Sprossen und Keimen: Sie sind billig, gut lagerbar und damit stets zur Hand – allerdings erfordern sie etwas Pflege und planende Voraussicht bei der Gestaltung der Mahlzeiten.

Vitamingehalt

In Milligramm pro 100 Gramm Frischsubstanz

	Vit-amin C	Vit-amin B_1	Vit-amin B_2	Vit-amin B_3	Vit-amin E	Kilo-kalorien	Kilo-joule
						pro 100 g Frischsubstanz	
Luzerne-sprossen (Alfalfa)	15	0,10	0,17	1,6	–	62	260
Sojabohnen-sprossen	12	0,19	0,13	0,9	0,6	83	267
Linsen-sprossen	22	0,21	0.09	1,1	–	–	–
Kopfsalat	10	0,06	0,08	0,4	0,4	17	71
Tomaten	24	0,06	0,04	0,6	–	21	88
Chinakohl	36	0,03	0,04	0,4	–	16	67

In Prozent der Deckung des Tagesbedarfs

200 Gramm Sojabohnen-sprossen	32%	29%	16%	14%	10%	
150 Gramm Tomaten	48%	6%	4%	7%	–	
70 Gramm Kopfsalat	9%	6%	4%	2%	2%	
70 Gramm Luzerne-sprossen	14%	6%	7%	9%	–	
150 Gramm Linsen-sprossen	45%	24%	8–9%	–	–	

Quelle: Boese, B.; Rohde, A.: Keimlinge, – Ernährungs-physiologische und küchentechnische Aspekte, bewertet und verbraucherge-recht dargestellt. Diplomarbeit im Fachbereich Ernährung und Hauswirtschaft der FH Niederrhein, 1985.

Das Keimen

Bedingungen des Keimens

Samen befinden sich so lange in Keimruhe, bis bestimmte Feuchtigkeits-, Luft- und Temperaturbedingungen gegeben sind. Erst dann wird die Keimruhe durchbrochen, und der Embryo beginnt zu wachsen. Für eine erfolgreiche Sprossenzucht müssen wir diese Bedingungen kennen.

Der Samen muß aufquellen
Das Quellen des Samens ist der erste Schritt für die Entwicklung des Keimlings. Die Samenschale wird dadurch luft- und wasserdurchlässiger, der Samen verstärkt die Atmung, und die Stoffwechselprozesse werden aktiviert. Neu gebildete Enzyme mobilisieren die Reservestoffe, und der Keimling beginnt zu wachsen.

Im Licht oder im Dunkeln keimen?
Es gibt ausgesprochene Lichtkeimer und solche, die nur im Dunkeln keimen. Die zur Sprossenzucht geeigneten Samen keimen besser im Dunkeln. Sobald sich der Sproß zeigt, kann das weitere Wachstum im Hellen stattfinden. Das verbessert den Nährwert und mindert den Nitratgehalt.

Der Samen braucht Wärme
Die Keimung erfolgt erst dann, wenn ein für den jeweiligen Samen optimales Temperaturniveau erreicht ist. Das Optimum der meisten in der Sprossenzucht gebräuchlichen Samen liegt zwischen 18 und 22 Grad Celsius. Getreide keimt auch bei geringeren Temperaturen. Doch im allgemeinen verzögern tiefe Temperaturen die Keimung, zu hohe trocknen die Samen dagegen zu stark aus.

Kein Wachstum ohne Wasser und Luft
Wasser und Luft sollten in ausgewogenem Maße vorhanden sein. Dabei schadet ein Zuwenig an Wasser genauso wie ein Zuviel. Gleiches gilt für die Luft. Die Samen sollten stets gleichmäßig feucht, niemals aber richtig naß liegen. Tägliches Spülen regelt die Luftversorgung. Die Keime müssen auch gelegentlich aufgeschüttelt werden. Wichtig ist, daß die Keime ausreichend Platz haben und nicht in zu engen Gefäßen wachsen müssen.
Das tägliche Spülen liefert nicht nur Wasser für den Keimling, sondern spült auch die bei der Atmung entstehenden CO_2-Gase und andere für das Wachstum hinderliche Stoffwechselprodukte ab. Pilz- und Bakterienwachstum, also ein Schimmeln oder Faulen der Keime wird damit verhindert.

Die nebenstehenden Zeichnungen 1–5 stellen schematisch den Keimvorgang dar.

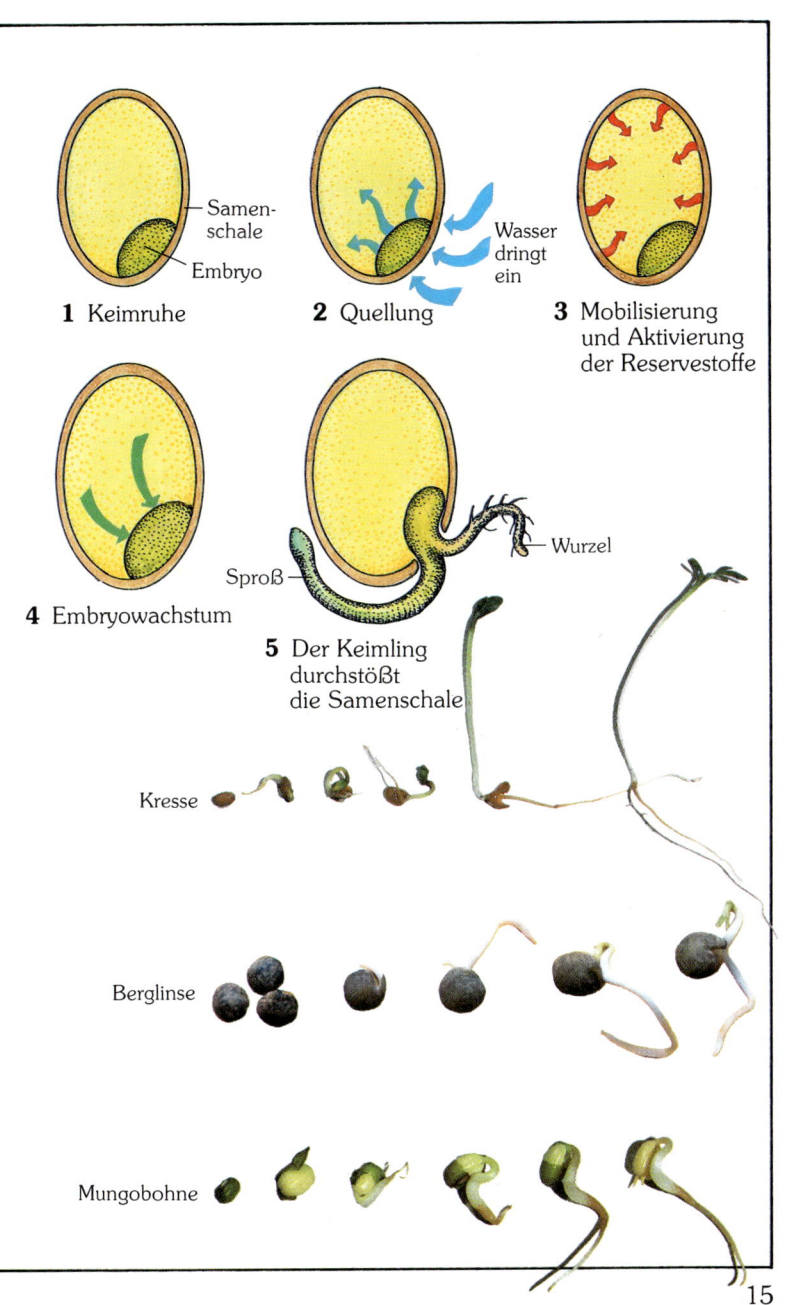

1 Keimruhe

2 Quellung — Wasser dringt ein

3 Mobilisierung und Aktivierung der Reservestoffe

Samenschale
Embryo

4 Embryowachstum

5 Der Keimling durchstößt die Samenschale

Sproß
Wurzel

Kresse

Berglinse

Mungobohne

Das Keimen

Die Keimphase ist mit der Ausbildung der ersten beiden grünen Blätter abgeschlossen. Ab jetzt kann sich der Sproß über die in den Blättern stattfindende Photosynthese eigene Nährstoffe aufbauen, er ist somit vom Nährstoffvorrat der Keimblätter unabhängig geworden.

Die Blättchen von Rettich- und Senfsprossen zeigen gerne eine gewisse Blaufärbung während der ersten Wuchszeit. Das ist völlig unbedenklich. Es handelt sich um sogenannte Anthozyane, gelbe Farbstoffe, die immer im Blatt sind. Sie werden im Verlauf des weiteren Wachstums durch den grünen Blattfarbstoff Chlorophyll vollständig überdeckt werden.

Keimmethoden

Die Einmachglas-Methode

Für die Einmachglas-Methode braucht man, wie der Name schon sagt, Einmachgläser oder Flaschen mit weitem Hals, ein feines Maschennetz, wie z.B. Fliegengaze oder sogar Nylonstrumpf, und einen Gummiring zum Verschließen. Diese Methode eignet sich für alle Arten von Samen und Samenmischungen.

Die Schalen-Methode

Sie brauchen dazu eine flache Schüssel oder einen Teller, ein Sieb und Frischhaltefolie. Diese Methode ist gut geeignet für Samen, die eine gallertige Masse ausscheiden, wie z.B. Kresse oder Leinsamen, oder auch für Getreide. Getreide muß in einer Schüssel oder Schale vorquellen. Kresse und Leinsamen müssen nicht vorgequollen werden. Breiten sie die Samen auf der Schale aus und bedecken Sie diese mit einer durchlöcherten Folie. Kresse und Leinsaat werden täglich mit Wasser besprüht, Getreidesprossen in ein Sieb gegeben und kräftig gespült. Bei dieser Methode muß man besonders darauf achten, daß das Wasser gut abgetropft ist, bevor die Samen wieder in die Schale gegeben werden. Dieses Problem wird vermieden, wenn die Samen im (rostfreien) Sieb verbleiben und das Sieb mit der Sprossenzucht in eine entsprechend große Schüssel gehängt wird. Abdecken nicht vergessen!

Die Keimfrischbox-Methode

Die Keimfrischbox ist das erweiterte Prinzip der Einmachglas-Methode. In einer oben und unten mit Siebdeckeln verschlossenen Plexiglasröhre werden die Samen eingeweicht, gespült und gekeimt. Das ist einfach zu handhaben und ideal, wenn größere Mengen einer Samenart oder einer Samenmischung gekeimt werden sollen. Größere Samen, wie z.B. Azukibohnen, Erbsen usw., müssen allerdings mehrmals täglich gespült werden, damit die notwendige Feuchtigkeit gehalten wird. Ähn-

16

Das Keimen

lich wie bei der Einmachglas- und Schalen-Methode kann in einer Keimfrischbox nur 1 Portion Sprossen gezogen werden.

Die Keimgerät-Methode
Keimgeräte gleichen diesen Nachteil aus. Sie erlauben es, stufenweise Sprossen zu ziehen, sodaß kontinuierlich Sprossen erntereif sind.
Inzwischen gibt es eine Vielzahl unterschiedlicher Keimgeräte auf dem Markt. Das Prinzip jedoch ist allen gleich: Die Sprossen reifen in aufeinandergestapelten Schalen. Das Gießwasser wird in die oberste Schale gegeben, durchfließt automatisch alle Schalen und wird in der Auffangschale gesammelt. Das Einweichen der Samen entfällt.
Keimgeräte eignen sich bestens für kleine Samen aller Art. Allerdings verstopfen diese die Durchflußventile oder Schalenlöcher. Bei dicken Samen wie Sojabohnen oder Bohnen ist die angebotene Wassermenge oftmals nicht ausreichend, die Anzuchtmenge wird zudem durch die Schalengröße begrenzt. Wer Sprossen in größerem Umfang ziehen möchte, dem sei daher die Schalen- und Einmachglas-Methode empfohlen. Zur Anzucht der grünen, pikanten Sprossen als Ergänzung zu den Mahlzeiten sind die Keimgeräte ideal. Durchsichtige Geräte müssen anfangs dunkel gestellt oder mit einem Handtuch abgedeckt werden.

● Es werden sehr attraktive Geräte aus Ton angeboten. Sie sind teuer und meiner Erfahrung nach am wenigsten gut geeignet. Der Ton trocknet die Samen leicht aus, und die wenigen kleinen Löcher der Schalenböden verstopfen gerne mit durchwachsenden Wurzeln. Zudem ist das Sauberhalten schwieriger als bei den Plastikgeräten.

Praxis des Keimens

Die Sprossenzucht ist keine Hexerei und bedarf auch keines größeren Aufwandes. Zum Ausprobieren nehmen Sie am besten leicht zu keimende Samen wie Weizen, Linsen oder Mungobohnen.
Und so wird's gemacht:

Vorreinigen
Verletzte, zerbrochene Samen, Steinchen (gerne bei Hülsenfrüchten mit drin) sowie Unkrautsamen lesen Sie am besten vor dem Keimen aus. Verletzte Samen keimen nicht und bilden leicht Schimmelnester. Anschließend werden die Samen in einem Sieb unter fließendem Wasser gründlich gewaschen und von noch anhaftenden Schmutzteilchen befreit.

Die Keimmethode
Welche Keimmethode Sie verwenden, hängt davon ab, wieviel Samen Sie keimen lassen wollen.

Das Keimen

Zum Anfangen und Ausprobieren reicht es, ein mit Gaze bespanntes Einmachglas oder Schalen zu verwenden. Für größere Samen (und wenn Sie viele davon keimen lassen wollen) ist diese Methode auch gut geeignet. Kleinere Samen gedeihen besser in Keimgeräten.

Das Quellen oder Einweichen
Nach dem Reinigen der Samen, werden diese in eine Schale gegeben und in drei- bis viermal mehr Wasser eingeweicht. Die Schale wird zugedeckt über Nacht stehen gelassen. Schleimbildende Samen (Leinsamen, Kresse) brauchen nicht eingeweicht zu werden. Das Quellenlassen entfällt auch bei Verwendung eines Keimgerätes. Dort geschehen Spülen und Quellen gleichzeitig. Nur wenn die Keimzeit verkürzt werden soll, empfiehlt es sich, auch in Keimgeräten gezogene Samen zuvor in einem extra Behältnis vorzuquellen. Meistens reicht es, die Samen über Nacht einzuweichen. *Faustregel:* Große Bohnen, Linsen, Kichererbsen, Azukibohnen bleiben 10–12 Stunden im Wasser, kleine Samen wie Rettich, Senf, Luzerne (Alfalfa) kommen mit kürzeren Zeiten zwischen 3–6 Stunden aus. Es macht aber nichts aus, wenn sie länger eingeweicht werden.

◁ Keimfrischbox-Methode

Keimgerät-Methode ▷

18

Das Einweichwasser enthält zwar Mineralstoffe, aber auch Schmutzteilchen. Ich würde dieses Wasser höchstens zum Blumengießen weiterverwenden, nicht aber, wie manchmal empfohlen wird, zum Gemüsekochen.

Spülen
Gespült wird morgens und abends. Das Wasser kann ruhig Leitungswasser sein und braucht auch nicht extra angewärmt oder gefiltert zu werden. Wichtig ist nur, daß gründlich gespült wird, um die Ausscheidungsstoffe des Keimlings zu entfernen. Das Spülwasser sollte gut ablaufen. Die Samen sollten niemals zu feucht oder gar naß liegen. Das Spülen verhindert das Austrocknen der Samen und versorgt sie mit frischem Wasser fürs Wachsen.

Licht und Luft
Meiner Erfahrung nach keimen Samen im Dunkeln schneller. Stellen Sie das Gefäß mit den Samen in einen Schrank oder decken Sie es mit einem Küchenhandtuch ab. Während der letzten Keimtage jedoch brauchen die Sprossen Licht.
Im Verlauf der Keimung nehmen die Sprossen beträchtlich am Volumen zu. Schütteln Sie die Sprossen dann vorsichtig auf, damit sich die Luftzirkulation verbessert. Schütteln Sie nicht zu heftig, damit Sie die zarten Sprößchen nicht verletzen; verletzte Sprossen werden faulig oder schimmelig, sie können eine ganze Sprossenzucht verderben.

> Übrigens bildet sich an den Wurzeln einiger Samenarten, wie Rettich und Senf, beim Keimen ein Flaum. Es handelt sich dabei um feine Faserwurzeln, nicht um Schimmel. Äußerlich können sie zwar auf den ersten Blick mit Schimmel verwechselt werden, Schimmel riecht aber deutlich modrig.

Zeitablauf   Fotos Seite 22

1. Tag
Abends: Die Samen auslesen, gründlich waschen und im Glas mit reichlich Wasser über Nacht quellen lassen. Beachten Sie, daß die Samen durch das Aufquellen ihr Volumen fast verdoppeln. Aus 1 Tasse Mungobohnen werden zur Erntezeit fast 5 Tassen Sprossen; auch diese sollten im Glas noch genügend Platz haben.

2. Tag
Morgens: Schütten Sie das Wasser weg und spülen Sie die Samen unter fließendem Wasser. Das Einmachglas wird mit Kunststoffgaze (Fliegendraht) und einem Einmachgummi gut verschlossen und mit der Öffnung schräg nach unten aufgestellt. Das restliche Gießwasser kann so gut abfließen. Stellen

Das Keimen

Sie das Ganze in den Schrank oder decken Sie ein Tuch darüber.

Abends: Spülen Sie die Sprossen erneut und stellen Sie das Glas wieder mit der Öffnung nach unten in den Schrank.

3. Tag bis 4. Tag

Wie am zweiten Tag. Die Samen werden morgens und abends gut gespült. Am 4. Tag zeigen sich erste Würzelchen. Probieren Sie! An den weiteren Tagen verfahren Sie wie gehabt. Jetzt können Sie im Hellen die Sprossen weiterwachsen lassen. Die Erntezeit bestimmen Sie selbst.

> In der Übersichtstabelle auf den Seiten 42–47 finden Sie alle wichtigen Angaben über die Quellzeiten, Spülhäufigkeit und Erntezeitpunkte der einzelnen Keime und Sprossen.

Ernte und Lagerung

Jederzeit ist Erntezeit, es gibt nicht *die* Erntezeit. Allerdings gibt es Grenzen nach oben. Alte Keime und Sprossen schmecken häufig bitter. Der Erntezeitpunkt richtet sich einmal danach, wann Sie die Sprossen in der Küche verwenden können, und auch danach, in welchem Wuchsstadium sie Ihnen am besten schmecken. Die kurz gekeimten Getreide- und Hülsenfruchtsamen eignen sich gut für gebackene und gebratene Gerichte. Die grünen, pikanten Sprossen werden erst nach sechs bis acht Tagen, wenn sie grüne Blättchen ausgebildet haben, richtig erntereif. Sie sind dann sehr dekorativ in Salaten und auf Broten.

Der Geschmack der Sprossen ändert sich während ihrer Entwicklungszeit. Die Getreidearten schmecken während der ersten Tage süßlich und nehmen mit fortschreitender Entwicklung einen leicht bitteren Geschmack an. Es empfiehlt sich daher, Getreidesprossen zeitig zu ernten, also nach zwei bis drei Tagen. Linsensprossen schmecken sowohl im Anfangsstadium als auch nach Blattbildung ausgezeichnet, während Sojabohnen-, Erbsen- und Bohnensprossen nicht zu sehr auswachsen sollten.

Sprossen werden am besten frisch verwendet. Sie können zwar auch mal eingefroren werden, sollten aber zuvor blanchiert werden. Dazu nicht geeignet sind die Sprossen kleiner Samen wie Rettich und Senf.

Geerntete Sprossen lassen sich gut zwei, drei Tage, maximal eine Woche im Kühlschrank aufbewahren. Bedenken Sie aber, daß Sprossen auch dort noch weiterwachsen. Gerade Getreidesprossen können auch bei kühlen Temperaturen noch kräftig wachsen und »verfilzen«.

Das Keimen

Reinigen der Keimgefäße

Eine gründliche Reinigung der Gefäße ist nach jeder Ernte unerläßlich. In besonderem Maße gilt dies für die Keimgeräte, da sich in den Löchern und Riefen der Schalenböden gerne Wurzelhärchen festsetzen, die bei der nächsten Anzucht schimmeln oder faulen. Um Spülmittelreste zu vermeiden, wird mit heißen Wasser gespült und anschließend mit Essig ausgeschwenkt. Essig schafft ein saures, das Wachstum von Schimmelpilzen und Bakterien hemmendes Milieu. Das Gefäß sollte anschließend gut trocknen, optimal wäre, es in die Sonne zu stellen.

Das feucht-warme Klima im Geräteinneren bzw. im Glas begünstigt es, daß Sprossenreste, wie z.B. Haarwurzeln, leicht von Pilzen besiedelt werden. Von diesen Schimmelnestern aus kann unter Umständen eine ganze Anzucht verdorben werden. Verschimmelte Sprossen dürfen auf keinen Fall verzehrt werden, denn Schimmel enthält krebserregende Aflatoxine.

1 Geräte für die Einmachglas-Methode (Seite 16)

2 1. Tag: Samen quellen über Nacht in reichlich Wasser

3 2. Tag: Das gut verschlossene Glas mit der Öffnung schräg nach unten aufstellen

4 Blick ins Glas nach 3–4 Tagen

Das Keimen

Wenn es einmal nicht klappt ...

Samen und Sprossen schimmeln oder faulen

- Kann es sein, daß sie *zu naß* liegen oder *zu dicht*, daß also beide Male die Samen keinen oder nur ungenügend Sauerstoff bekommen haben?
- Häufige Ursache ist auch ein schlecht gereinigtes Keimgerät (besonders bei Geräten mit gerieftem Schalenboden).
- Schlechte Samen, insbesondere verletzte, schimmeln leicht und sollten daher so gut wie möglich ausgelesen werden.
- Die eiweißreichen Hülsenfrüchte gären, wenn sie nicht regelmäßig gespült werden.

Zur Vermeidung von Schimmel empfiehlt es sich, etwas Senf- oder Rettichsaat zu den Samen zu geben. Sie wirken antibakteriell.

Das Keimen will erst gar nicht in Gang kommen

- Liegen die Samen möglicherweise zu trocken? Sie wurden zuwenig gespült, oder hohe Zimmertemperaturen trockneten die Samen schnell wieder aus. Mehrmaliges Spülen ist dann erforderlich.
- Waren die Samen zu alt oder wurden sie falsch gelagert? Wenn Sie sicher gehen wollen, machen Sie am besten eine Keimprobe mit einer kleinen Samenmenge.

- Waren die Samen mit keimhemmenden Mitteln behandelt worden? Bei Samen, die zum normalen Kochgebrauch verkauft werden, kann das unter Umständen vorkommen.
- Wurden die Samen zu kurz vorgequollen?
- Bei geschälten Samen (Hafer, Gerste und Buchweizen) kann es vorkommen, daß beim Schälvorgang der Keimling beschädigt worden ist.

Tips für Einkauf und Vorratshaltung

Einkauf

Samen werden oft in Kleinstpakkungen mit dem Hinweis »speziell für die Sprossenzucht geeignet« angeboten. Samen, die ausschließlich für die Sprossenzucht geeignet wären, gibt es aber nicht. Jeder Same keimt, wenn er nicht vorbehandelt oder zu alt ist. Auch Sprießkorn-Weizen oder -Hafer aus dem Reformhaus ist keine »Extra«-Getreidesorte. Mit dem Begriff Sprießkorn soll lediglich auf die hohe Qualität und damit Keimfähigkeit des Samens hingewiesen werden.

Auf die Qualität der Samen ist unbedingt zu achten. Von ihr hängt ein erfolgreiches Keimen ab. Erfreulicherweise wird inzwischen in Reformhäusern, Naturkostläden und Feinkostgeschäften ein breites Sortiment an Samen für die Spros-

23

senzucht angeboten. Die Samen stammen nur teilweise aus biologischem Anbau, sind aber garantiert *nicht chemisch vorbehandelt* wie gärtnerisches Saatgut. Gebeiztes Saatgut für den Garten darf auf keinen Fall verwendet werden, ebensowenig mit Fungiziden behandeltes Saatgut.

Am besten ist es antürlich, wenn Sie Samen aus biologischem Anbau (die Markennamen sind »Demeter« für biologisch-dynamisch gezogenen und »Bioland« für organisch-biologischen Samen) bekommen.

Ein Preisvergleich lohnt sich. Während die kleinen Samen wie Rettich, Luzerne und Senf oftmals nur in Kleinstpackungen zu kaufen sind und es nur wenige Alternativen gibt, kann beim Einkauf von Hülsenfrüchten und Getreidekörnern einiges gespart werden. Da kommt es durchaus vor, daß sogenannter Keimweizen in 250-Gramm-Tüten für umgerechnet 12 DM das Kilo angeboten wird und im Regal daneben »normaler« Bioweizen steht, im Kilopack für 2–3 DM. Viele Naturkostläden bieten selbst abgepackte Samen zu vernünftigen Preisen an und geben auch gerne Auskunft, ob der Samen aus biologischem Anbau stammt oder nicht.

Bei entspelzten oder geschälten Samen, also bei Hafer (sofern es sich nicht um den spelzenlosen Nackthafer handelt), Gerste, Buchweizen und Reis, ist auf die Keim-

fähigkeit besonders zu achten, da es vorkommen kann, daß der Keimling beim Schälvorgang leicht verletzt würde. Also hier: erstmal mit einer kleinen Menge die Keimfähigkeit testen, bevor Sie in größerem Umfang Samen einkaufen.

Für den Fall, daß es in Ihrer Nähe keinen Laden gibt mit Samen im Angebot, finden Sie am Ende des Buches Hersteller und Bezugsadressen für Samen.

Vorratshaltung

Lagern Sie die Samen trocken, luftig und am besten im Dunkeln. Ein Samen lebt, wenngleich auch auf einem sehr niedrigen Stoffwechselniveau. Luftdicht abgeschlossene Behältnisse machen die Samen muffig, Feuchtigkeit läßt sie faulen; Qualität und Keimfähigkeit werden in beiden Fällen stark beeinträchtigt.

Auch zu langes Stehenlassen im direkten Sonnenlicht mindert die Samenqualität. Kaufen Sie daher am besten keine zu großen Mengen ein, damit der Samen zügig verbraucht wird und Lagerprobleme bei der Vorratshaltung überhaupt nicht auftauchen können.

Getreidesprossen

Getreidesprossen zeichnen sich durch ihren hohen Gehalt an allen wichtigen B-Vitaminen aus. Sie sind leicht bekömmlich und schmecken süßlich bis nußartig.

Das Keimenlassen
Die Körner waschen und über Nacht in reichlich Wasser quellen lassen. Sie keimen problemlos in allen Keimgeräten, Einmachgläsern oder auf Tellern. Zweimal täglich wird gespült. Nach den ersten zwei Tagen zeigen sich die ersten Keimlinge. Dann ist auch Erntezeit. Die Keime sollten nicht länger als 0,5 bis 1,0 cm sein.

Weizen

Geschichte und Anbau
Weizen ist eine der ältesten Kulturpflanzen. Als Emmerweizen wurde er bereits zu Beginn des 4. Jahrtausends v. Chr. im ägyptischen Niltal angebaut. Weizen wächst auf nährstoffreichen Lehmböden und Marschen. Seine Beliebtheit beruht auf seinen guten Backeigenschaften und dem feinen Geschmack. Der hohe Klebergehalt gibt dem Brot ein lockeres Gefüge und feine Poren.

Nährwert
Weizen ist reich an Vitamin B_1 und E sowie an Mineralstoffen, vor allem an Kalium und Magnesium. Aufgrund seiner leichten Verdaulichkeit und damit körperentlastenden Eigenschaften wird er gerne zusammen mit Früchten als Diätetikum bei Herz- und Kreislauferkrankungen gegeben. Weizen gehört weltweit zu den wichtigsten Proteinlieferanten. Zudem ist er reich an Ballaststoffen. Seine vielseitige Zusammensetzung erlaubt es, sich davon allein fast vollwertig zu ernähren. Durch die Keimung reichern sich insbesondere die Vitamine B_1, B_2 und E an, der Karotingehalt steigt. Bereits nach sechs Stunden ist der Vitamin B_1-Gehalt um 50 Prozent gesteigert, nach drei Tagen hat er sich verdreifacht.

Besonderheiten des Keimens
Weizensprossen sind besonders leicht und problemlos zu ziehen. Sie sind bereits nach zwei Tagen erntereif. Länger als vier oder fünf Tage alt sollten sie nicht werden, sie schmecken dann leicht bitter, eignen sich aber trotzdem noch

1	Weizen	**4**	Hafer
2	Roggen	**5**	Reis
3	Gerste	**6**	Hirse

gut zu gebratenen oder gebacke-
nen Speisen. Bei einer Aufbewah-
rung im Kühlschrank sollte beach-
tet werden, daß Weizensprossen
auch im Kühlen sehr schnell wachsen.

Verwendung
Die süßlichen Weizensprossen
werden frisch ins Müsli gestreut
oder ergänzend zu würzigen Ge-
müse- oder Getreide-Obst-Salaten
gegeben. Ähnlich wie der Weizen
in der Vollwertküche lassen sich
Sprossen auch gut in Aufläufen aller Art, Bratlingen, Gemüseintöp-
fen und -suppen verwenden.

Roggen

Geschichte und Anbau

Roggen war über Jahrhunderte hinweg das beste und wichtigste Brotgetreide der nördlichen Regionen, bevor er auch dort durch die Einführung der Mineralstoffdüngung vom anspruchsvolleren Weizen abgelöst wurde. Seine Geschichte beginnt im Osten. Erst ab dem Ende der Bronzezeit, ca. 1000 v.Chr., ist Roggen in Mitteleuropa anzutreffen, wo er von Kelten, Slawen und Germanen angebaut wurde. In der Dreifelderwirtschaft der letzten Jahrhunderte war er Hauptbrotfrucht. Mit dem anspruchslosen Roggen wurden die leichten Sandböden des Nordens und die rauhen Lagen der Mittelgebirge für den Ackerbau erschlossen. Heute wird er überwiegend als Brotgetreide verwendet.

Nährwert

Roggen ist reich an Eiweißstoffen, die aber schwerer verdaulich sind als die des Weizens. Roggen fordert daher der Verdauungstätigkeit einen intensiveren Einsatz ab. Sein hoher Mineralstoffgehalt vor allem an Kalium, Eisen und Fluor macht ihn wichtig für die Blutbildung, den Knochenaufbau, für Haare und Zähne. Roggen besitzt viel Vitamine B_1, B_2, B_3 und E. Sie erfahren bei der Keimung beachtliche Steigerung. Das Keimenlassen verbessert zudem die Verdaulichkeit des Roggens.

Besonderheiten des Keimens

Roggensprossen sind so einfach zu ziehen wie Weizensprossen. Sie wachsen schnell. Da Roggen eine Pflanze des kühlen Nordens ist, wachsen die Sprossen auch im Kühlen rasch.

Verwendung

Die nußartigen, würzigen Roggensprossen schmecken gut zu Obstgerichten und Sauerkraut. Sie ergänzen eine Vielzahl warmer Gerichte: Gemüsesuppen, Aufläufe, Bratlinge, aber auch Salate. Sie passen gut zu Hülsenfrüchten, besonders zu Linsen.

Gerste

Geschichte und Anbau

In der griechischen Mythologie gaben die Götter den Menschen Gerste als erste Nahrung. Im alten Rom wurden die Gladiatoren Gerstenmänner genannt, denn ihre Kraftnahrung bestand aus Gerstenbrei. Heute wird Gerste zur Bierherstellung und als Tiernahrung angebaut und nur noch selten zu direkten Nahrungszwecken (Grütze). Wie viele Getreidegerichte wurde auch sie in diesem Jahrhundert durch Fleischgerichte von den Speisezetteln verdrängt.

Nährwert

Ähnlich wie Hafer bildet Gerste Schleim beim Quellen. Sie ist daher ein beliebtes Diätetikum bei

Samenübersicht

Magen-Darm-Erkrankungen. Gerste ist reich an Magnesium und an dem für die Nerven wichtigen Vitamin B₃. Nacktgerste kann direkt verzehrt werden. Es gibt sie jedoch selten. Meist wird bespelzte Gerste in geschälter Form angeboten.

Besonderheiten des Keimens
Während der Keimung werden die Kohlenhydrate des Mehlkörpers zu Zucker abgebaut. Das erklärt den leicht süßlichen Malzgeschmack der Gerstensprossen. Das Keimenlassen erfordert etwas Fingerspitzengefühl. Bevor Sie größere Mengen einkaufen, prüfen Sie die Keimfähigkeit, da die Körner in der Regel geschält verkauft werden. Die Keimfähigkeit kann bei zu starkem Schälen in Mitleidenschaft gezogen worden sein. Nach dem Keimen nur noch einmal täglich spülen.

Verwendung
Gerstensprossen schmecken vorzüglich in Kartoffel- und Gemüsesuppen oder ergänzen Gerste- sowie Grünkernsuppen. Gefüllte Tomaten, Paprika oder Zucchini lassen sich besonders gut mit Gerstensprossen zubereiten.

Hafer

Geschichte und Anbau
In den frühesten Zeiten nordischen Ackerbaus soll Haferbrot das eigentliche Bauernbrot gewesen sein.

Hafer hielt sich in alemannischen Gebieten noch lange als Volksnahrungsmittel. Eine beliebte Abendkost bäuerlicher Familien des Allgäus ist der Habermus (Haferbrei).

Nährwert
In alten Medizinbüchern ist Hafer als Heilmittel ausgewiesen. Sein Eiweiß ist hochwertig und dem Sojaeiweiß ähnlicher als dem der anderen Getreidearten. Hafer enthält auch mehr Fette, die so günstig zusammengesetzt sind, daß sie den Cholesterinstoffwechsel des Menschen entlasten. Das lezithinreiche Haferöl ist innigst mit Schleimstoffen verbunden. Dieses sowie zahlreiche Wirkstoffe wie B-Vitamine und antibakteriell wirksame Saponine zeichnen Hafer für die Säuglingsernährung aus.

Besonderheiten des Keimens
Es gibt Nackthafer und bespelzten Hafer. Bei letzterem muß auf die Keimfähigkeit besonders geachtet werden, ähnlich wie bei der Gerste. Hafer schleimt beim Quellen. Er sollte auch nicht zu feucht liegen. Zum Keimenlassen genügt es, ihn zu befeuchten, das Quellenlassen kann entfallen.

Verwendung
Hafersprossen schmecken süßlich und ergänzen ideal Süßspeisen, vor allem Obstsalate, Bananenspeisen und das morgendliche Müsli. Sie geben pikanten Gemüsesalaten eine besondere Note.

28

Samenübersicht

Reis

Geschichte und Anbau
Reis ist das Hauptnahrungsmittel für etwa die Hälfte der Menschheit. Er wächst in tropischen und subtropischen Klimazonen. Das Rhonedelta in Südfrankreich, die Poebene Italiens sowie Flußniederungen in Spanien sind europäische Reisanbaugebiete.

Nährwert
Reis hat zwar einen geringeren Eiweißgehalt als die heimischen Getreidearten, ist aber dafür ganz besonders gut verdaulich. Reis wirkt entwässernd aufgrund seines geringen Natriumgehaltes.

Besonderheiten des Keimens
Zum Keimen sollte nur Naturreis verwendet werden, denn nur der enthält noch das schützende Silberhäutchen mit vielen Vitaminen und Mineralstoffen. Die Keimfähigkeit von poliertem weißen Reis ist auch sehr eingeschränkt. Naturreis ist einfach und problemlos zum Keimen zu bringen.

Verwendung
Eine feine Variante der Tomatensuppe: Tomatensuppe mit Reissprossen. Reissprossen können auch in pikanten Salaten ähnlich dem gekochten Reis Verwendung finden.

Hirse

Geschichte und Anbau
Hirse ist das Grundnahrungsmittel vieler Völker Asiens, Afrikas und Amerikas. Im Mittelalter war Hirse auch in Deutschland, Rußland und Polen verbreitet. Sie verschwand bei uns erst mit dem Anbau der Kartoffel vom Speiseplan der ärmeren Bevölkerungsschichten.

Nährwert
Hirse hat einen ähnlich hohen Fettgehalt wie der Hafer. Sie ist zudem reich an Mineralstoffen, besonders an Kieselsäure und Fluor, die wichtige Stoffe zum Aufbau von Knochen, Haaren, Haut und Zähnen sind.

Besonderheiten des Keimens
Das Hirsekorn ist von Natur aus mit einer dunklen, ungenießbaren Samenschale umhüllt und muß daher geschält werden. Die im Handel erhältliche Hirse ist geschälte Hirse. Hirse sollte daher auf ihre Keimfähigkeit geprüft werden, bevor größere Mengen eingekauft werden.

Verwendung
Hirsesprossen schmecken süßlich und werden ähnlich verwendet wie Hafersprossen. Sie eignen sich gut in allen Kartoffelgerichten, aber auch fürs Müsli.

Hülsenfruchtsprossen

Hülsenfrüchte waren auch bei uns über Jahrhunderte hinweg Grundnahrungsmittel, zusammen mit dem Getreide. Gerade in dieser Kombination erreichen sie eine mit dem Hühnereiweiß vergleichbare hohe biologische Eiweißqualität.
Hülsenfruchtsprossen haben einen hohen Gehalt an Vitaminen des B-Komplexes sowie an Folsäure und an Vitamin E. Das schwer verdauliche Eiweiß der Samen wird durch die Keimung in bekömmlichere Formen überführt. Die Keimlinge sind ballaststoffreich.

Das Keimenlassen
Die Hülsenfrüchte waschen und verlesen. Über Nacht in reichlich Wasser quellen lassen (10–12 Stunden). Dann täglich zweimal, die dickeren Samen drei- bis viermal gründlich spülen. Wird nur unzureichend gespült, geraten die Samen ins Gären; ihr Eiweißreichtum begünstigt dies. Hülsenfrüchte bevorzugen, mit Ausnahme der Linse, etwas wärmere Temperaturen zum Keimen. Dafür ist die Keimzeit in der Regel kurz: nach zwei bis drei Tagen, wenn die Keimlinge ca. 1 cm lang sind, wird geerntet. Bei zu langem Keimen bekommen die Sprossen einen leicht bitteren Geschmack. Nur Linsen-, Mungobohnen- und Azukibohnensprossen können roh verzehrt werden. Sojabohnen-, Erbsen- und Bohnensprossen müssen unbedingt gedünstet werden. Das schränkt ihre Verwendung in der Sprossenküche natürlich etwas ein.

Linse

Geschichte und Anbau
Die Linse stammt aus Südwestasien und aus dem Mittelmeerraum, wo sie heute noch angebaut wird. Sie ist eine Pflanze warmer, trockener Regionen. Die Linse hat in all denjenigen Ländern eine besondere Bedeutung erlangt, wo aus religiösen Gründen der Fleischverzehr eingeschränkt worden ist. Im Süddeutschen ist sie, zusammen mit den Spätzle, heute noch eine Art Nationalgericht.

Nährwert
Unter allen Hülsenfrüchten ist die Linse die verdaulichste. Sie enthält rund 23 Prozent Protein, ist reich

1 Berglinse   **4** Gelbe Sojabohne
2 Mungobohne   **5** Kichererbse
3 Azukibohne

an Kalium, Phosphor, Fluor und an den Vitaminen B_1 und B_2. Linsen werden nach Größe und Farbe unterschieden. Ausdrucksvoller im Geschmack als die üblichen grünbraunen Linsen sind die blaugrünen Berglinsen aus Italien und die grünlichen Linsen aus Südfrankreich. Beide sind in Naturkost- oder Feinkostläden erhältlich.

Besonderheiten des Keimens
Linsen sind ganz einfach zum Keimen zu bringen. Zuvor sollten aber die häufig vorkommenden Steinchen ausgelesen werden. Nach drei bis vier Tagen kann geerntet werden. Linsensprossen schmecken roh vorzüglich.

Verwendung
Linsensprossen ergänzen Kartoffel- und Getreidegerichte aller Art auf besondere Weise. Das Eiweiß des Gerichtes wird dadurch stark aufgewertet. Linsen lassen sich vorzüglich sowohl in Blattsalaten als auch in Gemüsesalaten ver-

31

wenden. Quarkzubereitungen mit Linsensprossen und Kresse sind eine ausgefallene Zwischenmahlzeit. Kurz geröstet in etwas heißem Olivenöl, mit Knoblauch und Kräutersalz abgeschmeckt, kann aus Linsensprossen ein köstlicher und gesunder Snack bereitet werden.

Mungobohne

Geschichte und Anbau
Die Mungobohne wird entsprechend ihrem Aussehen auch »Grüne Sojabohne« genannt. Sie gehört zu den bekanntesten und beliebtesten Samen für die Sprossenzucht. Oft wird fälschlicherweise von Sojakeimlingen geredet, obwohl eigentlich Mungobohnensprossen gemeint sind.
Die ursprünglich aus Südasien stammende Mungobohne wird heute in allen tropischen Ländern angebaut, vor allem jedoch in Indien, Japan und Afrika. Die Mungobohne ist eng verwandt mit der roten Sojabohne, der Azukibohne. In der traditionellen Küche wird die Mungebohne für Suppen und Breigerichte zu einer Art Grütze zerkleinert. Aus den gerösteten Samen wird Mehl gewonnen, das zu Brot oder Biskuits verbacken wird.

Nährwert
Die Mungobohne ist reich an Eiweiß und Stärke. Im Gegensatz zur gelben Sojabohne besitzt sie

kein Öl. Durch die Keimung erfahren die Vitamine eine beachtliche Steigerung: Riboflavin (B_2) verfünffacht sich, Niacin verzehnfacht sich.

Besonderheiten des Keimens
Die Mungobohnen sind problemlos zu ziehen. Sie brauchen reichlich Wasser und sind nach vier bis fünf Tagen erntereif. Inzwischen gibt es sie auch in Dosen oder Gläsern zu kaufen. Geschmack und Qualität sind aber bei diesen Fertigsprossen stark beeinträchtigt.

Verwendung
Die Mungobohnensprossen sind frisch und knackig. Sie bereichern Salate aller Art, schmecken aber auch vorzüglich leicht gedünstet als Füllung von Teigtaschen (Frühlingsrolle ist das bekannteste Gericht aus Mungobohnensprossen), auf Pizzagerichten, im Omelett oder im Risotto.

Azukibohne

Geschichte und Anbau
Die kleine, rotbraune Azuki (Adsuki)-Bohne ist mit der Mungobohne eng verwandt. Sie ähneln sich auch in ihren Eigenschaften und in ihrer Verwendung. In Japan ist die Azukibohne nach der gelben Sojabohne die wichtigste Hülsenfrucht. Sie wird gekocht, zu Mehl vermahlen für Suppen und Kuchen, aber auch als Keimling verzehrt.

Samenübersicht

Nährwert
Die Azukibohne hat einen ähnlich hohen Nährwert wie die Mungobohne.

Besonderheiten des Keimens
Die Bohnen müssen länger in Wasser quellen als die Mungobohnen. Sie brauchen auch zum Keimen und bis zur Erntezeit etwas länger. Die Keimtemperatur sollte zwischen 22 und 25 Grad Celsius liegen.

Verwendung
Die delikaten, etwas nußartig schmeckenden Sprossen werden ähnlich wie die Mungobohnen am besten frisch in Salaten oder Suppen verwendet. Es lassen sich damit aber auch raffinierte Gemüsefüllungen, z.B. für Teigtaschen oder Knödel, bereiten. Ein Augenschmaus ist es, wenn alle drei Sojabohnenarten, die grünen, roten und gelben, gleichzeitig – z.B. als Belag einer Gemüsetorte – verwendet werden oder auf einer Gemüsepizza.

Gelbe Sojabohne

Geschichte und Anbau
Die gelbe Sojabohne ist die Königin unter den Bohnen. Im alten China wurde sie mit Reis, Weizen, Gerste und Hirse zu den fünf heiligen Körnern gezählt. Die USA und China produzieren heute rund 60% der Weltsojaernte.

Nährwert
Die gelbe Sojabohne nimmt unter den Hülsenfrüchten eine Sonderstellung ein. Sie besitzt einen besonders hohen Gehalt an Eiweiß, Fett, Mineralstoffen und Vitaminen (B_1 und B_2). Ihr Eiweiß ist so vollwertig wie Milcheiweiß. Durch die Keimung verfünffacht sich der ohnehin schon hohe Gehalt an Riboflavin (Vitamin B_2), der Thiamin- (Vitamin B_1) und der Niacingehalt verdoppeln sich. Das reichlich vorhandene Eisen wird in eine verdaulichere Form überführt. Durch das Keimenlassen verbessert sich zudem die gesamte Verdaulichkeit der sonst schwer verdaulichen Bohne. Allerdings wird das schädliche Hämaglutinin nur schlecht abgebaut. Es reduziert die Wirkstoffaufnahme im Darm. Die Sojabohne muß daher vor dem Verzehr gedünstet werden.

Besonderheiten des Keimens
Die Sojabohne bevorzugt etwas höhere Temperaturen beim Keimen und sollte mehrmals täglich gespült werden, da sie sonst aufgrund ihres hohen Eiweißgehaltes zu gären beginnt.

Verwendung
Da die Sojabohne vor dem Verzehr gedünstet werden muß, ist ihre Verwendung als Sprosse etwas eingeschränkt. Sie schmeckt gut in allen Eintöpfen und Aufläufen. Gut gedünstet, ist sie auch eine eigenständige Gemüsebeilage.

Samenübersicht

Kichererbse

Geschichte und Anbau
Die Kichererbse (Garbanzo) ist zwar nicht mit unserer heimischen Erbse verwandt, hat aber vieles mit ihr gemeinsam. Kichererbsen sind fester Bestandteil der Küche Latein- und Mittelamerikas und Südeuropas. Die unreifen Samen werden als Gemüse, die reifen, gemahlenen Samen als Mehl für Suppen und Breie verwendet.

Nährwert
Kichererbsen haben rund 20 Prozent Eiweiß und sind reich an Calcium, Eisen und Vitamin C.

Besonderheiten des Keimens
Kichererbsen keimen auch bei geringen Temperaturen sehr schnell. Sie sollten täglich zwei- bis dreimal gespült werden. Geerntet wird, wenn der Keim ungefähr die Länge von 0,5 cm hat. Er sollte nicht viel länger sein, da sonst die Erbse leicht einen bitteren Geschmack bekommt. Kichererbsen bekommen Sie in allen südländischen Geschäften zu kaufen.

Verwendung
Mit den Sprossen der Kichererbse lassen sich vorzügliche Eintöpfe aus Möhren und Kartoffeln bereiten. Sie schmecken auch gut in einer würzigen klaren Suppe.

Weitere Bohnen und Erbsen

Außer den genannten Bohnenarten gibt es noch eine ganze Reihe weiterer Bohnen, die sie keimen lassen können. Stellvertretend seien genannt weiße Bohnen, rote oder Kidney-Bohnen, schwarze Bohnen, Limabohnen. Hinzu kommen die gelben und grünen Trockenerbsen.

Für das *Keimenlassen* und die Verwendung der Sprossen in der Küche gilt ähnliches wie für die gelben Sojabohnensprossen: mehrmals täglich gut spülen und nicht roh verzehren, sondern kurz zuvor dämpfen. Das giftige Phasin baut sich durch die Keimung nur unvollständig ab.

Die *Verwendung* der Sprossen ist daher auch eingeschränkt. Der Wert der Keime und Sprossen liegt ja gerade im frischen Verzehr und im möglichst schonenden Kochen.

Extra *Rezepte* für Bohnen- oder Erbsensprossen werden daher nicht vorgestellt. Sie erhalten jedoch pikante Gerichte, wenn Sie bei Rezepten, in denen Sojabohnensprossen verwendet werden, diese durch Erbsen- oder Bohnensprossen ersetzen. Da jede Bohne ihren eigenen Geschmack besitzt, variiert der Geschmack der Gerichte dann entsprechend.

Grüne, pikante Sprossen

Die in dieser Gruppe zusammengefaßten Samen haben einiges gemeinsam, obwohl sie aus unterschiedlichen Pflanzenfamilien stammen.

Sie reifen innerhalb von sechs bis acht Tagen zu pikanten grünen Sprossen heran. Geerntet wird also nicht in erster Linie das gekeimte Korn, der gekeimte Samen, sondern ein zartes Pflänzchen. Am bekanntesten unter diesen Sprossen ist die Kresse. Sie wird bereits im Supermarkt schälchenweise verkauft. Lange, bevor die Sprossenzucht populär wurde, zog man Kresse in kleinen Tongefäßen auf der Fensterbank.

Die Luzerne (Alfalfa) fällt etwas aus dem Rahmen. Sie ist besonders eiweißreich. Die anderen Sprossen – Senf, Rettich und Kresse – sind dagegen eher als Gewürz- und Heilpflanzen zu betrachten denn als nährstoffreiches Gemüse. Entsprechend werden sie verwendet: sparsam, einzeln oder in individuellen Mischungen zusammen mit anderen Sprossen und Keimen.

Das Keimenlassen
Zum Keimenlassen verwenden Sie am besten ein Keimgerät. Die Einweichzeit entfällt hier. Im Glas keimende Samen nur für ein paar Stunden einweichen. Sorgfältig zweimal täglich spülen. Zunächst im Dunkeln keimen lassen. Zeigen sich die ersten Keime, die Schalen ins Licht stellen. Wenn die grünen Keimblätter zu sehen sind, genügt es, die Pflänzchen zweimal täglich mit Wasser zu besprühen. Die Erntezeit beginnt nach ca. sechs Tagen, wenn die Sprossen kräftig und ihre Blätter dunkelgrün sind. Sie lassen sich gut im Kühlschrank einige Tage aufbewahren. Man verwendet entweder die abgeschnittenen Sprossen oder die ganze Pflanze mit den Wurzeln.

Alfalfa oder Luzerne

Geschichte und Anbau

Luzerne ist die älteste bekannte Futterpflanze, die heute weltweit angebaut wird. Luzerne liebt die warmen, sonnenreichen und relativ trockenen Klimagebiete Süddeutschlands, Ungarns, Frankreichs und Polens. Sie wächst auf lehmigen Kalkböden und gibt ein eiweißreiches, mineralstoffreiches und schmackhaftes Futter für Rinder, Schafe und Ziegen. Das soll uns nicht abhalten, die kleinen Luzernesprossen für die menschliche Ernährung zu entdecken!

Nährwert

Luzernesprossen sind sehr eiweißreich. Durch die Keimung steigt der Eiweißgehalt von rund 35 auf über 40 Prozent an. Der Vitamin-B_2-Gehalt (Thiamin) verdoppelt sich, das ohnehin im Samen reichlich vorhandene Niacin wächst um das siebenfache an.

Besonderheiten des Keimens

Luzerne ist ein Lichtkeimer. Während der letzten Tage sollten die Pflänzchen möglichst hell stehen, das reduziert den Nitrat- und fördert den Vitamin-C-Gehalt. Beim Keimen sollte darauf geachtet werden, daß nicht zu viele Samen ins Gefäß gegeben werden, da die Sprossen stark an Volumen gewinnen. Zum Ende der Keimzeit genügt es, die Sprossen täglich einmal mit Wasser zu besprühen.

Verwendung

Im Gegensatz zu Kresse, Rettich oder gar Senf haben die Luzernesprossen keinen so ausgeprägten Eigengeschmack. Sie geben den Gerichten jedoch etwas Frisches, sie bessern den Eiweißgehalt auf und sind auch sehr dekorativ. Mit Luzernesprossen lassen sich hervorragend Omeletts und Pfannkuchen füllen. Sie passen außer zu Eiergerichten gut zu Kartoffeln und in alle Salate, auch in größeren Mengen. Besonders hübsch sehen kleine Luzerne»büschel« auf Quarkbroten oder Kartoffelpüree aus oder auch nur mal so aufs Butterbrot gelegt.

Senf

Geschichte und Anbau

Senf ist eine alte Kulturpflanze aus Vorderasien und wird heute in Indien, im Vorderen Orient sowie in den Mittelmeerländern und in Holland angebaut. Senf gehört zusammen mit dem Rettich, dem Meerrettich und der Kresse zur Familie der Kreuzblütler. Die scharf schmeckenden Senföle der Samen und aller Sproßteile sind charakteristisch für diese Familie. Senf wird erst seit kurzem bei uns verwendet. Die ganzen Körner dienen der Würze von Marinaden und eingelegten Gurken. Gemahlen und mit Essig sowie Gewürzen vermischt, ist er als sogenannter Speisesenf bekannt.

Samenübersicht

Nährwert

Senfsaat besitzt außerordentlich hohe Gehalte an Eiweiß (30 Prozent) und Öl. Die beiden Senföle Sinalbin und Sinigrin wirken stark antibakteriell. Man sagt auch, »Senf räumt den Magen auf«, und meint damit, daß die Senföle bei der Verdauung von schwerem Eiweiß und Fett helfen. Senf aktiviert den Fettstoffwechsel. Senfsprossen haben gleichgerichtete Wirkungen und eignen sich eher als Gewürz denn als Beilage.

Besonderheiten des Keimens

Senfsprossen sind einfach zu ziehen, vorausgesetzt, es wird täglich zweimal gewässert und die Samen liegen nicht zu dicht. Da Senfsaat stark aufquillt, sollte man mit der Dosierung der Samen eher zurückhaltend sein. Nach einer Keimphase im Dunkeln stellt man die Sprossen direkt ans Licht, damit sie kräftig und schön dunkelgrün werden. Etwas Senfsaat kann auch zu anderen Keimen gegeben werden. Sie wirken antibakteriell und verhindern mithin mögliche Schimmelbildung.

Verwendung

Senfsprossen sind würzig und geben Saucen, Suppen, Kartoffelgerichten, Brotaufstrichen und Salaten den richtigen Pfiff. Sie lassen sich beliebig mit den anderen kleinen Sprossen mischen. Eine besondere Delikatesse sind Senfeier mit Senfsprossen!

Rettich

Geschichte und Anbau

Die Stammpflanze des Gartenrettichs ist der Meerkohl. Bereits im 3. Jahrhundert v. Chr. gelangte der Rettich nach Ägypten. Sowohl die Griechen als auch die Römer kannten schon mehrere Rettichsorten. Das Radieschen existiert seit dem 16. Jahrhundert.

Nährwert

Der Rettich ist reich an Vitaminen, vor allem an Vitamin B_1 und C, sowie an Mineralstoffen (Eisen). In der Volksheilkunde gilt Rettich als verdauungsfördernd und harntreibend.

Besonderheiten des Keimens

Für den Rettich gilt ähnliches wie für die Senfsaat. Nach einer kurzen Dunkelphase mit zweimal täglichem Spülen werden die Keimlinge dem Licht ausgesetzt, damit sie ihre Würze und Kraft so richtig entwickeln können. Nach sechs bis sieben Tagen wird dann geerntet. Wer will, kann nur die Sprossen abschneiden, es kann auch die ganze Pflanze verwendet werden.

Verwendung

Rettichsprossen schmecken bereits während der ersten Keimtage richtig würzig nach Rettich. Sie werden in der Küche ähnlich wie die Senfsprossen eingesetzt, vornehmlich als Würze in Saucen, Suppen,

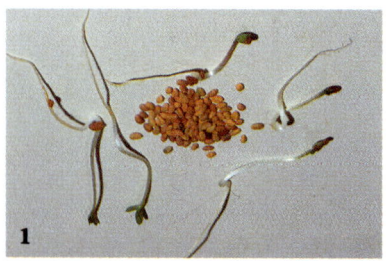

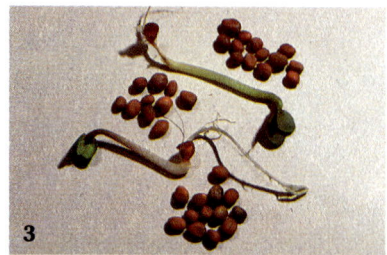

1 Alfalfa oder Luzerne   **2** Senf   **3** Rettich   **4** Kresse

Eierspeisen, Aufläufen, natürlich am liebsten in bunten Blatt- und Gemüsesalaten. Rettichsprossen dürfen in der Grünen Sauce (saure Sahne und frische Kräuter) zu Pellkartoffeln nicht fehlen. Sie geben Nudelgerichten, vor allem Nudelaufläufen, eine pikante Note.

Kresse

Geschichte und Anbau
Kresse wurde bereits in der Antike im Mittelmeerraum als Salat- und Gewürzpflanze angebaut. Am bekanntesten ist die heute weltweit kultivierte Gartenkresse.

Nährwert
Der scharf-würzige Geschmack der Kresse rührt vom Bitterstoff Lepidin sowie einem Senföl her. Die Samen enthalten rund 30 Prozent rotgelbes Öl, das sowohl zu Industrie- wie zu Speisezwecken gewonnen wird. Kresse ist außergewöhnlich reich an Vitamin C. In der Volksheilkunde gilt sie als blutreinigend und als Antibiotikum.

Besonderheiten des Keimens
Kresse ist schleimbildend. Das Keimenlassen erfordert daher ein gewisses Fingerspitzengefühl. Wichtig ist eine sparsame Dosierung der Samen, damit sie nach dem Aufquellen nicht zu dicht liegen und damit ersticken. Nach anfänglichem Spülen wird die Kresse nur noch mit Wasser besprüht. Die Einweichzeit entfällt.

Verwendung
Kresse wird ähnlich verwendet wie Rettich oder Senf. Sie schmeckt zu Tomatengerichten, Gemüseaufläufen, Suppen und in Blattsalaten.

Weitere Sprossen

In diesem Kapitel werden die Sprossen ganz unterschiedlicher Samenarten vorgestellt: die eigenwilligen Sprossen des wenig bekannten Bockshornklees, die schleimbildenden Sprossen des Leinsamens und die etwas farblosen, aber nahrhaften Buchweizensprossen. Hier nicht vorgestellt, aber zum Keimenlassen ebensogut geeignet, sind Sesam, Sonnenblumen-, Mandel- und Kürbiskerne.

Bockshornklee

Geschichte und Anbau

Die in Asien und den Mittelmeerländern beheimatete Würz- und Heilpflanze wurde im 9.Jahrhundert nach Deutschland eingeführt. Bockshornkleesamen werden traditionell zum Würzen von Kräuterkäse, in Nordafrika zur Bereitung von Breispeisen verwendet. Bockshornklee ist ein wichtiger Bestandteil des Currygewürzes.

△ Leinsamen   ▽ Buchweizen

Bockshornklee

Nährwert

Bockshornklee wird in der Naturheilkunde als Stärkungsmittel beschrieben. Äußerlich angewandt, hilft er gegen Schwellungen und Geschwüre. Er enthält rund 30 Prozent Schleimstoffe, zudem Eiweiß, Lezithin sowie ätherische Öle, die für seinen leichten »Bocksgeruch« verantwortlich sind.

Besonderheiten des Keimens

Die Samen brauchen nur kurz eingeweicht zu werden. Da sie Schleim absondern, sollte gründlich gespült werden. Bereits am zweiten Tag sind erste Keime sichtbar. Dann ist auch schon Erntezeit. Zu lang gewachsene Keimlinge haben einen recht bitteren Geschmack.

Verwendung

Auch die Sprossen des Bockshornklees werden nur als Würze eingesetzt. Sie eignen sich vorzüglich für Reisgerichte aller Art und werden mit etwas Currygewürz ergänzt.

Leinsamen

Geschichte und Anbau

Leinsamen ist die Frucht des blaublühenden Flachses oder Leins. Er war bereits zur Steinzeit bekannt. Noch bis in die 50er Jahre hinein wurde er auch bei uns zur Gewinnung der begehrten Leinfaser angebaut. Heute wird er in vielen Ländern sowohl als Faserlein als auch wegen des in den Samen reichlich vorhandenen Leinöls kultiviert.

Nährwert

Den Leinsamen zeichnet ein beachtlich hoher Gehalt an ungesättigten Fettsäuren (u. a. Lezithin) aus. Aufgrund seiner starken Quellfähigkeit und seines hohen Schleimgehaltes hilft er bei Magen-Darm-Verstimmungen sowie bei Verstopfung.

Besonderheiten des Keimens

Leinsamen quillt stark auf und bildet reichlich Schleim. Seien Sie daher mit der Dosierung der Samen etwas zurückhaltend. Leinsamensprossen lassen sich am besten in Keimgeräten ziehen. Das Spülen ist nicht ganz einfach, da die Samen oft fest zusammenkleben. Es darf aber nicht unterlassen werden, damit sich keine Schimmelnester bilden.

Verwendung

Die nußartig schmeckenden Leinsamensprossen werden ähnlich wie Leinsamen verwendet: frisch ins Müsli, in Rohkost, Obstsalate oder gebacken in Brot und Brötchen.

Buchweizen

Geschichte und Anbau

Buchweizen ist keine Getreideart, sondern ein Knöterichgewächs. Die krautigen, niedrigwüchsigen Pflanzen tragen kleine, dreieckige Früchte. Ihre harte und ungenießbare Schale wird in Mühlen geschält, bevor die Samen in den Handel kommen. Buchweizen wächst nur auf armen Sand- und Moorböden. Der Buchweizenanbau wurde in Deutschland im 18./19.Jahrhundert durch die Kartoffel verdrängt.

Nährwert

Buchweizen weist hohe Eisen-, Kalium- und Calciumgehalte auf. Er ist reich an Lezithin und Lysin, einem wertvollen Eiweißstoff. Buchweizen wird daher häufig in der Kinderernährung verwendet.

Besonderheiten des Keimens

Buchweizen darf nur kurz eingeweicht und sollte nur ganz kurz gespült werden, da sich sonst die Samen auflösen. Geerntet wird, wenn der Keim fast die Länge des Samens erreicht hat.

Verwendung

Buchweizensprossen in Suppen oder nicht zu derbe Eintöpfe streuen. Mit ihnen lassen sich auch Tomaten, Paprika oder Zucchini füllen. Gut und kräftig würzen, denn weder der Buchweizen noch seine Sprossen haben einen ausgeprägten Eigengeschmack.

SAMENÜBERSICHT

Keimen und Verwenden	Getreidesprossen					
	Weizen	Roggen	Gerste	Hafer	Reis	Hirse
Einweichen	6–10 Stunden			Nur ganz kurz	6–10 Stunden	
Spülen/Wässern	2mal täglich			1mal täglich	2mal täglich	
Bevorzugte Keimtemperatur	Auch bei etwas kühleren Temperaturen		Zimmertemperatur		Bevorzugen wärmere Temperaturen	
Ernte	2–(4) Tage		4–5 Tage		2–4 Tage	
Keimlänge	Der Keimling sollte so lang sein wie das Korn					
Besonderheiten	Keimen bevorzugt im Dunkeln. Nach dem 2. Tag ans Licht stellen!				Naturreis verwenden! Geschälter weißer Reis keimt nicht mehr	Darf nicht zu feucht liegen
	1 Tasse Körner ergibt ca. 2–3 Tassen Sprossen		Beim geschälten Korn besonders auf die Keimfähigkeit achten!			
				Darf nicht zu feucht liegen		
Geschmack, Inhaltsstoffe	Süßlich, reich an Vitamin B$_1$ und E	Würzig, nuß-artig, reich an Vitamin B$_1$, B$_2$ und B$_3$	Süßlich, reich an Vitamin B$_3$ und Magnesium	Süßlich, reich an Vitamin E	Neutral, körnig, mineralstoffreich	Neutral, körnig, reich an Kieselsäure

Verwendung						
	● Frisch im Müsli, Rohkost, in Blatt- und Gemüse-salaten ● In Gemüse- und Kartoffel- oder auch Getreide-suppen ● In Aufläufen, Getreide- und Kartoffelbrat-lingen, Gratins ● In Eintöpfen aller Art ● In Obst-salaten	● Frisch im Müsli, Rohkost, in Blatt- und Gemüse-salaten ● In Suppen, Aufläufen ● Passen gut zu Linsen, Kartoffeln ● Schmecken lecker in Obst-salaten	● In Getreide-, Kartoffel- und Gemüse-suppen ● In Aufläufen, Gemüsepudding ● In Reis gemischt ● In Füllungen von Fruchtge-müse wie Tomaten, Zucchini	● Gut für alle süßen Nach-speisen ● Im Müsli und in Rohkost ● In pikanten Gemüse-salaten ● In süßen Eierspeisen ● In Obst-gerichten	● In Tomatensuppen ● In kalten Reisge-richten	● In Kartoffelgerichten aller Art ● In Süßspeisen, dort wie Hafer zu verwenden ● In Suppen einge-streut

SAMENÜBERSICHT

Keimen und Verwenden	Hülsenfruchtsprossen					
	Linsen	Mungo-bohnen	Azuki-bohnen	Gelbe Sojabohnen	Kicher-erbsen	Weitere Bohnen, Erbsen
Einweichen	6–12 Stunden	12 Stunden	Mindestens 12 Stunden		10–12 Stunden	
Spülen/Wässern	2mal täglich	2–3mal täglich			3–4mal täglich	
Bevorzugte Keimtemperatur	Zimmer-temperatur	Bevorzugen wärmere Temperaturen		Zimmertemperatur		
Ernte	2–(4) Tage	4–6 Tage		(3)–4 Tage	2–(3) Tage	(3)–4 Tage
Keimlänge	1–2 cm, auch länger	2–(3) cm	1–(2) cm	1–1,5 cm	Nicht länger als 0,5 cm	1–1,5 cm
Besonderheiten	3 Eßlöffel Linsen ergeben ca. 300 Gramm Sprossen	1 Tasse Boh-nen ergibt 4–6 Tassen Sprossen	Ausreichend lange quellen lassen, nicht gequollene Bohnen aus-lesen	Die Sprossen dürfen nur gedünstet verzehrt werden		
Geschmack, Inhaltsstoffe	Leicht süßlich Leicht süßlich bis nußartig, eiweißreich	Knackig, frisch, eiweiß- und vitamin-reich	Knackig, nußartig, eiweiß- und vitaminreich	Wie Erbsen, eiweiß- und vitaminreich	Frisch, wie Erbsen bzw. Bohnen, eiweißreich	

Verwendung				
● Frisch in Salaten aller Art ● In Rohkost ● Passen gut zu allen Kartoffelgerichten: Salate, Suppen, Aufläufe ● In Getreidebratlingen, -aufläufen ● In Gemüseeintopf, -suppen ● In salzigen Kuchen ● In Quarkzubereitungen ● In Reis-, Hirsegerichten ● In Eierspeisen	● Frisch in Salaten aller Art ● In Aufläufen als Gemüse ● In Füllungen von Teigtaschen (Frühlingsrolle!), Knödel ● Auf Gemüsekuchen, Pizza ● In Eierspeisen ● Als Gemüsekomponente in Reis-, Hirse- und Grützegerichten	● Wie Mungobohnensprossen	● Nur gedünstet verwenden ● Als eigenständige Beilage oder gemischt mit anderen Gemüsearten ● In Eintöpfen ● In Aufläufen ● Auf Gemüsekuchen ● Ergänzen sich gut mit Getreide	● Ähnlich wie die gelben Sojabohnensprossen ● Nur gedünstet verwenden ● In Eintöpfen ● In Aufläufen ● Gemischt mit anderen Gemüsearten als Beilage

SAMENÜBERSICHT

Keimen und Verwenden	Grüne, pikante Sprossen				Weitere Sprossen		
	Alfalfa (Luzerne)	Senf	Rettich	Kresse	Bockshorn-klee	Leinsamen	Buchweizen
Einweichen	3–4 Stunden, kann auch entfallen				6–8 Stunden		Nicht einweichen!
Spülen/Wässern	2mal täglich				2mal täglich		1mal täglich kurz
Bevorzugte Keimtemperatur	Zimmertemperatur				Zimmertemperatur		
Ernte	5–6 Tage / Als ganze Pflanze oder nur die abgeschnittenen Sproßteile				2–(3) Tage	2–3 Tage	ca. 3 Tage
Keimlänge	2–3 cm / Die Sprossen haben 2 grüne Keimblätter				Der Keim sollte so lang sein wie der Samen		
Besonderheiten	Im Dunkeln ankeimen lassen. Nach dem 2.–3. Tag ans Licht stellen, damit die Blätter dunkelgrün und die Sprossen kräftig werden.				Möglichst sofort ver-zehren, äl-tere Spros-sen nehmen leicht einen bitteren Geschmack an	Schleimbil-dend, sorg-fältig spülen, um Schim-mel zu ver-meiden	Darf nicht zu feucht werden, sonst lösen sich die Samen auf
	Sehr ertrag-reich: 3 Eß-löffel Samen ergeben 6 Tassen Sprossen	Die Wurzeln haben feine, weiße Haar-würzelchen, das ist kein Schimmel	Die feinen, weißen Haarwürzel-chen sind kein Schim-mel	Schleimbil-dend, 2 Eß-löffel Samen ergeben 2 Tassen Sprossen			

Geschmack, Inhaltsstoffe	Knackig, frisch und mild, eiweißreich	Pikant, würzig, eiweißreich	Würzig, deutlich wie Rettich, vitaminreich	Würzig, Vitamin C	Pikant, eigenwillig, raffiniert	Nußartig, viele Fettsäuren	Neutral, mineralstoffreich
Verwendung	Luzerne, Rettich-, Senf- und Kressesprossen sind ähnlich zu verwenden. Sie lassen sich untereinander austauschen, geben den Gerichten dann jeweils eine etwas andere Note. Sie lassen sich auch gut miteinander mischen oder bereits in einer Mischung anziehen. Die Schärfe/Würze der Mischung bestimmen Sie selbst. Sie werden statt oder ergänzend zu Kräutern verwendet: ● In Saucen, für Salate, Aufläufe, zu Bratlingen ● In Quarkzubereitungen und Brotaufstrichen ● In Blatt- und Gemüsesalaten wie Gemüse und/oder Kräuter ● Nur so aufs Butterbrot ● Als Dekoration von Suppen, Überbackenem, Salaten, Püree (Kresse!) ● Gut zu Eierspeisen und zur Kartoffel				● In Reis mit Curry ● In Sprossenmischungen als Würze	● In Süßspeisen ● Im Müsli ● Gebacken in Brot und Brötchen	● Als Füllung von Fruchtgemüsen wie Tomaten, Zucchini, Auberginen

Die Rezepte sind bewußt einfach gehalten, Alltagsküche sozusagen. Da Sprossen vor allem im Winter eine gute und billige Alternative sind, liegt der Schwerpunkt der Rezepte bei saisonalen Wintergemüsen wie Möhren, Lauch, Sellerie und – nicht zu vergessen – bei der Kartoffel. Die Rezepte stammen aus der Vollwertkostküche, sie sind daher fleischlos.

Frisch sind Keime und Sprossen natürlich am wertvollsten. Geben Sie sie zu heißen Gerichten möglichst im letzten Moment, damit sie auch schön knackig bleiben. Nur Sojabohnen-, Erbsen- und Bohnensprossen müssen vor dem Verzehr gut gedünstet werden.

Zu vielen Rezepten werden Variationen angegeben, da meist mehrere verschiedene Sprossenarten zu den jeweiligen Gerichten passen.

Die Rezepte sind, wenn nicht anders angegeben, für 4 Personen berechnet.

Verwendete Abkürzungen

TL	Teelöffel
EL	Eßlöffel
g	Gramm
l	Liter

Alle in den Rezepten verwendeten Zutaten sind im Naturkostladen und im Reformhaus erhältlich. Einige davon sind vielleicht nicht jedem bekannt:

Ahornsirup ist der Sirup aus dem Saft junger kanadischer Ahornbäume. Er ist nicht ganz so süß wie Honig, aber sehr aromatisch. Ahornsirup wird in einem sehr aufwendigen Verfahren gewonnen, ist daher auch teurer als Honig. Verwenden Sie ihn sparsam. Er ist ein reines Naturprodukt ohne Zucker.

Bulgour ist eine traditionelle Zubereitungsform von Hartweizen in Nordafrika. Hierzu wird Hartweizen kurz vorgekocht, danach gedarrt und dann grob geschrotet. So entsteht ein haltbares Produkt, das schon teilweise aufgeschlossen ist und daher eine kürzere Zubereitungszeit braucht. Bulgour gibt es in türkischen Läden zu kaufen.

Gekörnte Gemüsebrühe wird aus Gemüse, Kräutern, Meersalz und Hefeextrakt hergestellt. 2 gestrichene Teelöffel davon genügen für ¼ l Brühe. Getreide- und Hülsenfruchtgerichte werden damit gekocht. Sie ersetzt frische Gemüsebrühe.

Hefeextrakt wird aus Hefe gewonnen und ist sehr würzig. Hefeextrakt ist besonders reich an allen B-Vitaminen. Er wird als Würze und als Brotaufstrich verwendet. Besonders Getreidegerichte lassen sich gut mit Hefeextrakt abschmecken.

Kräutersalz ist eine Mischung aus fein zerriebenen Kräutern und Meersalz. Es hat einen aromatisch-würzigen Geschmack und läßt sich genauso wie anderes Salz verwenden. Mit einem Unterschied: Es enthält weniger Salz als das reine Salz und hilft daher Salz sparen.

Rosinen, Feigen sollten grundsätzlich aus dem Naturkostladen oder Reformhaus bezogen werden, denn nur dort gibt es nicht geschwefelte Trockenfrüchte. Teilweise stammen sie zudem aus biologischem Anbau. Sie werden in der Sonne getrocknet und sind, je nach Lieferant, mit Methylbromid gegen Insektenbefall begast worden.

Rohkost und Salate

Rohkost und Salate

Fenchel-Trauben-Rohkost mit Gerstensprossen

2 mittelgroße Fenchelknollen
300 g blaue Weintrauben
1 Tasse Gerstensprossen

Für die Sauce
2 TL Ahornsirup
4 TL Wasser
Saft von 2 Zitronen

Fenchel putzen und in hauchdünne Querstreifen schneiden. Mit den gewaschenen und geviertelten Weintrauben sowie den gut gewaschenen und abgetropften Gerstensprossen vermengen.
Aus Ahornsirup, Wasser und Zitronensaft eine Sauce rühren und über die Rohkost geben. Alles gut durchmengen.
Häppchenweise auf dünnen Apfelscheiben servieren und zur Dekoration eine blaue Weintraube daraufsetzen.

Variation

Mit *Weizen-* und/oder *Roggensprossen* zubereiten statt mit Gerstensprossen.

Sellerierohkost

¼ l Sellerieknolle
3 säuerliche Äpfel
3 EL Roggensprossen
2 EL gehackte Walnußkerne

Den Sellerie putzen, die Äpfel schälen, beides fein raspeln und mit den Roggensprossen und gehackten Walnüssen vermengen. Die Einzelportionen auf einem Salatblatt anrichten. Einen Walnußkern zur Dekoration daraufsetzen.

Möhrenrohkost mit Hafersprossen

500 g Möhren
2 grüne Äpfel
1 Grapefruit
100 g Haselnüsse
1 Tasse Hafersprossen

Für die Sauce
Saft von 1 Zitrone
1–2 EL Ahornsirup
etwas kaltgepreßtes Olivenöl

Die Möhren waschen und nach Belieben fein oder mittelfein raspeln. Die Äpfel vierteln, das Kernhaus entfernen und in feine Scheibchen schneiden. Die Grapefruit schälen, die weiße Haut ganz entfernen und das Fruchtfleisch würfeln. Zusammen mit den grobgehackten Haselnüssen und den gewaschenen Hafersprossen vermengen.

Rohkost und Salate

Aus Zitronensaft, Ahornsirup und etwas Olivenöl mit einer Gabel eine Sauce schlagen und über die Rohkost geben. Möhrenrohkost wird als Vorspeise serviert

Variation
Statt der Hafersprossen *Weizensprossen* nehmen.

Chicorée-Orangen-Salat mit Hafersprossen

4–5 Chicoréestangen
2 Blutorangen
1 Tasse Hafersprossen

Für die Sauce
150 g Joghurt natur
Saft von 1 Zitrone
1 EL Honig

Die Chicoréestangen putzen, die äußeren Blätter entfernen und den bitteren Keil herausschneiden. In Querstreifen schneiden und kurz waschen. Die Orangen schälen und das Fruchtfleisch würfeln. Die Hafersprossen waschen.
Aus Joghurt, Zitronensaft und Honig eine glatte Sauce rühren. Chicorée, Orangen und Hafersprossen in einer Schüssel vermengen und die Sauce darübergeben. Sofort servieren.

Variation
Schmeckt auch gut mit *Roggensprossen.*

Rohkost mit Petersilienwurzel und Roggensprossen
Für 2 Personen

1 Petersilienwurzel
2 Äpfel
2 EL Roggensprossen

Für die Sauce
1 Becher Joghurt natur
Saft von 1 Zitrone
1 EL Honig

Die Petersilienwurzel waschen, abschaben und fein raspeln. Die Äpfel ohne Kernhaus ebenfalls raspeln, aber etwas gröber als die Petersilienwurzel.
Den Joghurt mit dem Zitronensaft verrühren und mit Honig nach Belieben süßen. Die gewaschenen Roggensprossen mit der Petersilienwurzel und dem geraspelten Apfel vermischen und die Joghurtsauce darübergeben. Etwas ziehen lassen. Kann mit etwas kleingehackter Petersilie dekoriert werden.

Variation
Die Roggensprossen durch *Gerstensprossen* ersetzen.

Rohkost und Salate

Roter Salat mit Sprossen

Foto

Für 4–6 Personen

4 Rote-Bete-Knollen (ca. 500 g)
3 Orangen
1 große rote Zwiebel
200 g Radicchio
2 Tassen Weizensprossen
1 Handvoll Alfalfasprossen

Für die Sauce
2 TL Senf, 1 Knoblauchzehe
Salz, Pfeffer, evtl. etwas Tabasco
4 EL Rotweinessig
5 EL kaltgepreßtes Olivenöl

Rote Bete waschen und schälen, in feine Scheiben, dann in feine Streifen schneiden. Die Orangen schälen und das Fruchtfleisch grob würfeln. Die Zwiebel in Ringe schneiden. Den Radicchio zuerst waschen, dann grob zerzupfen und gut trockenschleudern. Weizensprossen waschen, Alfalfasprossen auseinanderzupfen. Alles miteinander vermischen.

Für die Sauce Senf, die durchgedrückte Knoblauchzehe und die Gewürze im Rotweinessig verrühren und das Ganze mit Olivenöl zu einer glatten Sauce rühren. Über den Salat geben und durchziehen lassen.

Variation

Statt Alfalfasprossen *Kresse* nehmen und mit 3 EL gesalzenen Erdnüssen verfeinern.

54

Rohkost und Salate

Fenchel-Orangen-Salat mit Weizensprossen

Foto

Für 6 Personen

4 Fenchelknollen (ca. 750 g)
2 Orangen, 2 säuerliche Äpfel
1–2 Tassen Weizensprossen

Für die Sauce
1 TL Senf, Kräutersalz, Pfeffer
1–2 Knoblauchzehen
3 EL Rotweinessig
4–5 EL kaltgepreßtes Olivenöl

Den Fenchel waschen, putzen, die groben äußeren Blätter sowie die Stengel entfernen. Die feinen, grünen Laubblätter zurückbehalten und für die Sauce kleinschneiden.

Den Fenchel in Streifen schneiden. Die Orangen schälen und das Fruchtfleisch würfeln. Die Äpfel schälen, das Kernhaus entfernen, ebenfalls würfeln. Mit den Orangen und den gewaschenen Sprossen mischen.
Für die Sauce Senf, Gewürze, Fenchelgrün und die durchgedrückten Knoblauchzehen im Essig verrühren. Mit Olivenöl aufrühren. Die Sauce über den Fenchel geben und das Sprossengemisch darauf verteilen. Erst direkt vor dem Servieren untermischen.

Variation
Statt Weizensprossen können auch mal *Mungobohnensprossen* genommen werden.

Rohkost und Salate

Rote-Bete-Salat mit Senfsprossen

2–3 mittelgroße
Rote-Bete-Knollen
2 säuerliche Äpfel
1 Tasse Senfsprossen
2 EL geröstete Sesamsamen

Für die Sauce
3 EL Rotweinessig
Kräutersalz, Pfeffer
1 Knoblauchzehe
1 TL Senf
4 EL kaltgepreßtes Olivenöl

Die Rote Bete schälen und grob raspeln. Die Äpfel schälen, Kernhaus entfernen und vierteln, dann in kleine Scheibchen schneiden. Zusammen mit den Senfsprossen unter die Rote Bete mischen.
Aus Rotweinessig, Gewürzen, durchgedrücktem Knoblauch und Senf eine Sauce rühren und diese mit dem Olivenöl aufschlagen. Die fertige Sauce über den Salat geben und alles gut durchziehen lassen. Zur Dekoration den Sesam darüberstreuen.

Variationen
▷ 1 Bund Petersilie kleinschneiden und dazumischen.
▷ Mit Joghurtsauce (aus 1 Becher Joghurt, Zitronensaft und Olivenöl) ist der Salat etwas milder.
▷ Wem die Senfsprossen zu scharf sind, der kann *Alfalfasprossen* mit etwas *Kresse* nehmen.

Schwäbischer Kartoffelsalat mit Rettichsprossen

1 kg festkochende Kartoffeln
Salz, Pfeffer
¼ l Fleischbrühe oder
Gemüsebrühe
etwas Essig und Öl
2 kleine Zwiebeln
1 EL Senf
1 Tasse Rettichsprossen
ohne Würzelchen

Die Kartoffeln am Vortag nicht zu weich kochen, mit kaltem Wasser abschrecken, pellen, etwas abkühlen lassen. Mit einem groben Gurkenhobel in feine Rädchen schneiden. So über Nacht stehen lassen.
Zur Salatbereitung die Kartoffelrädchen salzen, pfeffern und mit so viel Fleischbrühe (kann natürlich auch Gemüsebrühe sein) begießen, daß der Salat zwar feucht ist, aber nicht schwimmt. Essig und Öl zugeben. Die feingehackte Zwiebel mit etwas Brühe und Senf verrühren und über den Salat geben. Die gewaschenen Rettichsprossen zugeben und alles gut, aber vorsichtig untermischen.

Variation
Zum Kartoffelsalat passen auch gut *Linsensprossen*.

Rohkost und Salate

Salat mit Weizensprossen

Für 2 Personen

3–4 Tassen Weizensprossen
2 eingelegte Gurken
2 frische Tomaten
1 mittelgroße Zwiebel
1 Bund Petersilie
frische Minze
30 g Appenzeller oder anderer
pikanter Käse

Für die Sauce
1 TL Dijon-Senf
Kräutersalz, Pfeffer
1 Knoblauchzehe
3 EL Obstessig
5 EL kaltgepreßtes Olivenöl

Die Weizensprossen waschen und gut abtropfen lassen. Gurken und Tomaten waschen und in feine Würfel schneiden. Die Zwiebel in Ringe schneiden und die Kräuter fein wiegen. Den Käse würfeln. Alles mischen.
Für die Sauce den Senf mit den Gewürzen und der durchgepreßten Knoblauchzehe im Essig auflösen. Das ganze Gemisch mit Olivenöl aufrühren und über die Gemüse-Weizen-Mischung geben. Vor dem Servieren etwas ziehen lassen.

Variation
Statt Petersilie *Kresse-* und/oder *Rettichsprossen* dazugeben.

Sauerkrautsalat mit Senfsprossen

250 g Äpfel
100 g eingelegte Gurken
2 große Zwiebeln
400 g Weinsauerkraut
1 Tasse Senfsprossen
Dill, Basilikum

Für die Sauce
3 EL Ahornsirup
2 EL Zitronensaft
Salz, Pfeffer
Öl

Die Äpfel waschen, schälen, vierteln, das Kernhaus entfernen, in kleine Würfel schneiden. Die Gurken in schmale Streifen und die Zwiebeln ringförmig schneiden.
Alles mit dem Weinsauerkraut vermischen und die gewaschenen Senfsprossen dazugeben. Mit etwas frischem Dill und Basilikum abschmecken.
Aus Ahornsirup, Zitronensaft, Gewürzen und Öl eine Sauce rühren und über das Sauerkraut geben. Gut durchziehen lassen. Paßt gut zu deftigen Kartoffelgerichten.

Variation
Eine milde Variante: statt Senfsprossen (oder ergänzend dazu) *Roggensprossen* nehmen.

Rohkost und Salate

Bittersalate mit Gorgonzola und pikanten Sprossen

250 g gemischte Bittersalate (Endivie, Radicchio, Frisee oder krause Endivie, evtl. Brunenkresse)
2 Tassen gemischte grüne, pikante Sprossen (Rettich, Senf, Kresse und Alfalfa)

Für die Sauce
80 g Gorgonzola
⅛ l saure Sahne
1 EL kaltgepreßtes Olivenöl
1 EL Rotweinessig
1 Knoblauchzehe
Kräutersalz, Pfeffer
etwas Honig

Die Salate waschen und trockenschleudern. Endivie in Querstreifen schneiden, Radicchio und Frisee nur etwas kleinzupfen. Die Sprossen waschen und sorgfältig mit dem Blattsalat vermischen.
Für die Sauce den Gorgonzola durch ein Sieb drücken und mit der Sahne und dem Öl cremig rühren. Den Essig zugeben und mit der zerquetschten Knoblauchzehe, Salz und Pfeffer sowie etwas Honig würzen. Die Sauce wird erst kurz vor dem Servieren über den Salat gegeben.

Variation
Eine milde Variation enthält viel Alfalfasprossen und wenig Senf- und Rettichsprossen.

58

Bunter Sprossen-Mix
Für 4–6 Personen

Je 1 Tasse Linsen- und Weizensprossen
je ½ Tasse Rettich-, Luzerne-, Senf- und Kressesprossen
200 g Hüttenkäse
2 rote Paprikaschoten
2 Stengel Zwiebellauch
1 säuerlicher Apfel

Für die Sauce
2–3 EL Rotweinessig
1 TL Senf
Salz, Pfeffer
1 Knoblauchzehe
5 EL kaltgepreßtes Olivenöl

Die Sprossen waschen und auseinanderzupfen. Den Hüttenkäse (etwas davon zur Dekoration zurückbehalten) dazugeben. Die Paprikaschoten waschen, putzen und in feine Streifen schneiden, ebenso den Zwiebellauch (auch hiervon etwas zur Dekoration zurückbehalten). Den Apfel schälen, vierteln und in feine Scheibchen schneiden. Alles miteinander vermischen.
Aus Essig, Senf, Gewürzen und durchgepreßtem Knoblauch eine Sauce rühren und mit reichlich Olivenöl aufschlagen. Die Sauce über den Salat geben. Den Salat mit etwas Hüttenkäse und grünen Zwiebellauchringen dekorieren.

Rohkost- und Salateküche, ▷
ergänzt mit dekorativen Sprossen

Großer Sommersalat mit Sprossen
Für 4–6 Personen

1 großer Endiviensalat
1 mittelgroße rote Zwiebel
2 Möhren
½ Fenchelknolle
1 rote Paprikaschote
1 gelbe Paprikaschote
je ½ Tasse Rettichsprossen,
Alfalfasprossen und Senfsprossen
3 EL gesalzene Erdnüsse

Für die Sauce
2 Knoblauchzehen
3–4 EL Rotweinessig
1 TL Senf
feingewiegte Kräuter
(Petersilie, Schnittlauch)
Salz, Pfeffer
50 g Roquefort
5 EL kaltgepreßtes Olivenöl

Den Salat putzen, waschen und quer in ca. 1,5 cm breite Streifen schneiden. Die Zwiebel in Scheiben schneiden und diese in Ringe auflösen. Die Möhren putzen und in feine Scheiben schneiden. Den Fenchel waschen, die äußeren Blätter entfernen und in feine Querstreifen schneiden. Die Paprikaschoten waschen, von den Kernen befreien und ebenfalls in feine Streifen schneiden. Alles miteinander mischen, die Sprossen auseinanderzupfen und untermischen. Für die Sauce den Knoblauch durchpressen und mit dem Rotweinessig, Senf, den Kräutern und Gewürzen zu einer Sauce rühren. Den Roquefort in möglichst kleine Würfel schneiden und dazugeben. Alles mit Olivenöl aufschlagen und diese Sauce über den Salat geben. Die Erdnüsse darüberstreuen und sofort servieren.

Kohlrabisalat mit Pfefferminze und Alfalfasprossen

4 Kohlrabi
2 EL Joghurt
Saft von 1½ Zitronen
1 TL Meerrettich
Kräutersalz, Pfeffer
2 EL frische Pfefferminze
1 EL Alfalfasprossen

Den Kohlrabi schälen und in feine Streifen schneiden. Joghurt mit dem Zitronensaft verrühren, Meerrettich, Gewürze und die feingewiegte Minze sowie die Alfalfasprossen (ohne Wurzeln) dazugeben. Die Sauce über den Kohlrabi geben und vor dem Servieren rund ½ Stunde ziehen lassen. Mit frischen Pfefferminzblättern dekorieren.

Variation
Kann mit ½ Tasse *Mungobohnensprossen* ergänzt bzw. verändert werden.

Rohkost und Salate

Sellerie-Möhren-Salat mit Mungobohnensprossen

1 mittelgroße Sellerieknolle
3–4 mittelgroße Möhren
1 Tasse Mungobohnensprossen
1 EL geröstete Sesamsamen

Für die Sauce
100 g saure Sahne
½ Becher Joghurt
Saft von ½ Zitrone
Kräutersalz, Pfeffer
2 EL kaltgepreßtes Olivenöl

Sellerie und Möhren waschen, putzen und fein raspeln. Die gewaschenen Mungobohnensprossen untermischen.
Sahne und Joghurt mit Zitronensaft aufrühren, würzen und mit Olivenöl cremig schlagen. Über den Salat geben und etwas durchziehen lassen. Zur Dekoration mit dem gerösteten Sesam bestreuen.

Variation
Es können auch *Azukibohnensprossen* verwendet werden. Das macht den Salat gehaltvoller.

Feldsalat mit Orangen und Luzernesprossen

200 g Feldsalat
2 kleine rote Zwiebeln
2 Orangen
1 Tasse Luzernesprossen

Für die Sauce
4 EL Weinessig
Pfeffer, Kräutersalz
nach Belieben 1 Knoblauchzehe
4 EL kaltgepreßtes Olivenöl

Den Feldsalat putzen und in reichlich Wasser waschen und gut abtropfen lassen. Die Zwiebeln in feine Ringe schneiden. Die Orangen schälen, Kerne entfernen und das Fruchtfleisch würfeln. Die Luzernesprossen waschen und ebenfalls gut abtropfen lassen. Alle Zutaten in eine Schüssel geben, mischen.
Für die Sauce den Weinessig mit Pfeffer, Kräutersalz und der durchgedrückten Knoblauchzehe würzen. Zuletzt das Olivenöl darunterschlagen. Erst kurz vor dem Servieren über den Salat geben.

Variationen
▷ Eine milde Variante erhalten Sie mit einer Joghurtsauce aus 1 Becher Naturjoghurt, mit Salz und Pfeffer abgeschmeckt und mit etwas Olivenöl aufgeführt.
▷ Eine sehr pikante Variante ersetzt die Luzernesprossen durch Rettichsprossen und wird mit einer weiteren feingewürfelten Orange abgerundet.

Suppen
und Eintöpfe

Suppen und Eintöpfe

Lauchsuppe mit Weizensprossen

1 mittelgroße Lauchstange
30 g Butter
1–2 EL Vollkornmehl
1¼ l Gemüsebrühe
1 Knoblauchzehe
Salz, Pfeffer
evtl. Muskat
2 EL süße Sahne
1 Tasse Weizensprossen

Den Lauch säubern und in feine Ringe schneiden, waschen. Die Butter zerlassen und darin den Lauch andünsten. Das Mehl darüberstäuben und kurz mitdünsten. Mit der Gemüsebrühe ablöschen und 15 Minuten köcheln lassen. Die zerdrückte Knoblauchzehe und die Gewürze zugeben. Die Sahne unterziehen und zum Schluß die Weizensprossen darüberstreuen. Mit ein paar zurückbehaltenen Lauchringen dekorieren.

Variation

Statt Weizensprossen können auch *Roggensprossen* genommen werden.

Kartoffelsuppe mit Linsensprossen

400 g Kartoffeln
½ Stange Lauch
2–3 mittelgroße Möhren
¼ Sellerieknolle
½ mittelgroße Zwiebel
ca. 30 g Butter
1 EL Mehl
1¼ l Gemüsebrühe, Salz
Petersilie, Liebstöckel, Majoran
1 Tasse Linsensprossen

Die Kartoffeln waschen, schälen und würfeln. Den Lauch in feine Ringe schneiden und waschen. Möhren und Sellerie putzen, die Möhren in Scheibchen, den Sellerie in feine Streifen schneiden. Die Zwiebel kleinschneiden und in Butter glasig dünsten. Das Gemüse hinzugeben und mit Mehl bestäuben. Kurz und unter Rühren andünsten, dann mit der Gemüsebrühe ablöschen, mit Salz, Liebstöckel und Majoran abschmekken. Ca. 20–30 Minuten kochen lassen. Zum Schluß die feingehackte Petersilie und die gewaschenen Linsensprossen dazugeben.

Variationen

▷ Wer will, kann die Suppe mit etwas saurer Sahne und 1 Ei verfeinern.

▷ Statt der Linsensprossen *Azukibohnensprossen* nehmen. Lassen Sie diese aber ruhig ca. 5 Minuten mitkochen.

Suppen und Eintöpfe

Erbsenpüreesuppe mit Linsensprossen

200 g Erbsen
1 Zwiebel
30 g Butter
1½ l Gemüsebrühe
3 Knoblauchzehen
2 EL Petersilie, Schnittlauch, Kerbel,
Estragon, Basilikum
2–3 EL süße Sahne
½ TL Hefeextrakt
Kräutersalz, Muskat
etwas Zitronensaft
3–4 EL Linsensprossen

Die Erbsen auslesen und über Nacht einweichen. Die feingehackte Zwiebel in Butter glasig dünsten, die Erbsen zufügen und mit der Gemüsebrühe aufgießen. Ca. 1½ Stunden kochen, dann fein passieren oder im Mixer pürieren. Wieder in den Topf geben. Die Suppe mit der Sahne, dem feingehackten Knoblauch, den gewiegten Kräutern und der süßen Sahne verfeinern, mit Hefeextrakt, Kräutersalz und Muskat würzen. Zum Schluß die Linsensprossen dazugeben. Nach Belieben einen Schuß Zitronensaft zufügen. Nochmals kurz erwärmen. Zur Dekoration frische Kräuter (vorher einige zurückbehalten) kurz vor dem Servieren auf die Suppe streuen.

Möhrencremesuppe mit Luzernesprossen
Für 1 Person

2–3 mittelgroße Möhren
1 kleine Zwiebel
1 Tasse Gemüsebrühe
1 EL Zitronensaft
etwas zerstoßener Koriander
Kräutersalz
Pfeffer
4–5 EL süße Sahne
1 EL Luzernesprossen ohne Wurzeln
2 EL ganzer Buchweizen

Die Möhren waschen, putzen und in Scheiben schneiden. Eine halbe Möhre zurückbehalten. Die Zwiebel zerkleinern und zusammen mit den Möhren in der Gemüsebrühe gar kochen. Mit Zitronensaft, Koriander, Salz, Pfeffer und Sahne abschmecken und nochmals kurz aufkochen. Anschließend die Suppe im Mixer oder mit dem Pürierstab pürieren. Nochmals kurz aufwärmen und mit Luzernesprossen und der zurückbehaltenen, grobgeraspelten Möhre bestreuen. Den ohne Fett gerösteten Buchweizen als Dekoration darüberstreuen.

Variationen
▷ Statt Buchweizen geröstete Mandelblättchen nehmen.
▷ Pikante Variante: mit *Kresse.*
▷ Süße Variante: mit *Weizensprossen.*

Suppen und Eintöpfe

Tomatensuppe mit Reissprossen

Foto

1 kleine Zwiebel
ca. 30 g Butter
2 EL Weizenvollkornmehl
1¼ l Gemüsebrühe
500 g Tomaten (oder geschälte
Tomaten aus der Dose)
2–3 EL Tomatenmark
Salz
1 Prise Zucker
etwas gehackte Petersilie
4 EL süße Sahne
2 Tassen Reissprossen
Kresse

Die kleingeschnittene Zwiebel in Butter glasig dünsten. Mehl ein- streuen und anrösten. Mit 1 Tasse Gemüsebrühe ablöschen, mit ei- nem Schneebesen glattrühren und aufkochen lassen. Die zuvor gewa- schenen, in heißem Wasser abge- häuteten und kleingeschnittenen Tomaten und das Tomatenmark dazugeben. Mit der restlichen Brü- he auffüllen und mit Salz sowie evtl. Zucker abschmecken. Zum Schluß die Petersilie, die Sahne und die gewaschenen Reisspros- sen hinzugeben. Zum Servieren mit etwas frisch geschnittener Kresse bestreuen.

Variation
Statt der Reissprossen 2 Tassen *Buchweizensprossen* nehmen.

Gemüsesuppe mit Sojabohnen-sprossen

Foto

3 mittelgroße Möhren
¼ Sellerieknolle
1 rote Paprikaschote
1 kleine Stange Lauch
1 kleine Zwiebel
1 Knoblauchzehe
ca. 30 g Butter
1 Tasse Sojabohnensprossen
1¼ Gemüsebrühe
Salz, Curry
2 EL gehackte Petersilie

Möhren und Sellerie putzen, die Paprikaschote waschen, durchschneiden und die Kerne entfernen. Möhren, Sellerie und Paprika in Streifen schneiden. Den Lauch säubern und in feine Ringe schneiden, diese gründlich waschen. Die kleingeschnittene Zwiebel und den durchgedrückten Knoblauch in Butter andünsten. Das Gemüse und die gewaschenen Sojabohnensprossen hinzufügen, kurz mitdünsten und dann mit der Gemüsebrühe auffüllen. Ca. 10–15 Minuten kochen lassen, mit Salz und Curry abschmecken. Zum Servieren die feingehackte Petersilie darüberstreuen.

Variation
Statt der Sojabohnensprossen können Sie auch *Mungobohnensprossen* nehmen. Diese werden erst kurz vor dem Servieren zusammen mit der Petersilie in die Suppe gestreut.

Suppen und Eintöpfe

Schweizer Gerstensuppe mit Sprossen
Für 2–3 Personen

1 Tasse Gerstenschrot
1 l Gemüsebrühe
2 Lorbeerblätter
1 Stück Zwiebel, mit Nelken
besteckt
Pfeffer, Kräutersalz
¼ Stange Lauch
2 Möhren
¼ Sellerieknolle
2–3 EL Gerstensprossen
2 EL saure Sahne
1 Eigelb
1 EL feingeschnittener
Schnittlauch

Den Gerstenschrot ohne Fett im Topf kurz rösten. Mit Gemüsebrühe aufgießen und mit den Lorbeerblättern, der Zwiebel, Pfeffer und Kräutersalz ca. 15 Minuten kochen. Die Gemüse waschen, putzen und in feine Würfel schneiden. In die Suppe geben und 10 Minuten mitköcheln lassen. Nun die Gerstensprossen dazugeben und noch weitere 5 Minuten kochen lassen. Vor dem Servieren das mit Sahne verquirlte Eigelb unterziehen und die Suppe mit feingewiegtem Schnittlauch garnieren.

Gaisburger Marsch mit Azukibohnensprossen
Für 6 Personen

1 kg Kartoffeln
1 Bund Petersilie
2 mittelgroße Zwiebeln
30 g Butter
1,5 l Gemüsebrühe
1 Lorbeerblatt
500 g Spätzle
3 Tassen Azukibohnensprossen
Kräutersalz, Pfeffer

Die Kartoffeln schälen und würfeln. Die Petersilie waschen und kleinschneiden. Die Zwiebeln kleinschneiden und in Butter glasig dünsten. Die Kartoffelwürfel und die Petersilie zugeben und mitdünsten. Mit Gemüsebrühe ablöschen, das Lorbeerblatt zufügen und kochen, bis die Kartoffeln fast gar sind. Die Spätzle in kochendem Salzwasser kurz vorgaren, dann abgießen und mit den Azukibohnensprossen in den Topf geben. Alles zusammen weichkochen. Mit Kräutersalz und Pfeffer abschmecken.

Variation
Statt Azukibohnensprossen können auch *Linsensprossen* verwendet werden. Diese werden kurz vor dem Servieren dazugegeben. Auch *Sojabohnensprossen* können genommen werden. Diese werden aber zusammen mit den Kartoffeln gar gekocht.

Suppen und Eintöpfe

Sellerie-Blumenkohl-Topf mit Sprossen

1 Blumenkohl
Salz, 1 Zwiebel
½ mittelgroße Sellerieknolle
2 Möhren
½ Apfel
50 g Butter
½ Tasse Sojabohnensprossen
½ Tasse Azukibohnensprossen
150 g Crème fraîche
Curry
2 EL gehackte Petersilie

Den Blumenkohl putzen, in Röschen teilen, waschen und in kochendem Salzwasser gar kochen, herausnehmen. Die Zwiebel kleinschneiden. Sellerie und Möhren waschen, putzen und würfeln. Den Apfel schälen, das Kernhaus entfernen und in Scheibchen schneiden. Die Zwiebel in Butter glasig dünsten, Sellerie, Apfel, Möhren und Sprossen dazugeben. ½ Tasse Wasser hinzufügen und gar dünsten. Crème fraîche unterziehen, mit Salz und Curry abschmecken. Die Petersilie dazugeben und den gekochten Blumenkohl einlegen. Als Beilage Pellkartoffeln servieren.

Variation

Mit *Kichererbsensprossen* statt Soja- und Azukibohnensprossen zubereiten.

Wirsing-Kartoffel-Eintopf mit Mungobohnensprossen

750 g Kartoffeln
300 g Steckrüben (½ Rübe)
250 g Sellerie (½ Knolle)
2–3 Tassen
Mungobohnensprossen
½ mittelgroßer Wirsingkohl bzw.
6–8 Blätter
1 mittelgroße Zwiebel, 2 EL Öl
¾ l Gemüsebrühe
2 Chillischoten, Pfefferkörner
2 Knoblauchzehen
Salz und Pfeffer
2–3 EL gehackte Petersilie

Die Kartoffeln waschen, schälen und würfeln, ebenso die Steckrübe. Den Sellerie putzen und in schmale Streifen schneiden. Die Mungobohnensprossen waschen, gut abtropfen lassen. Den Wirsing putzen und die Blätter in grobe Querstreifen schneiden. Die Zwiebel in Ringe schneiden und im Öl glasig dünsten. Kartoffel- und Steckrübenwürfel und die Selleriestreifen kurz mitdünsten, dann mit der Gemüsebrühe ablöschen. Die Chilischoten, Pfefferkörner und den kleingeschnittenen Knoblauch dazugeben, mit Salz und Pfeffer würzen. Bei kleiner Hitze in ca. 15–20 Minuten garkochen. Die Wirsingblätter zugeben und weitere 5 Minuten köchelnd garen. Zum Schluß die Mungobohnensprossen einstreuen und die Petersilie. Dazu paßt ein Salat.

Hauptgerichte

Schwarzwurzeln in Kräutersauce mit Gerstensprossen

750 g Schwarzwurzeln
Essig, Mehl
Salz

Für die Sauce
1 mittelgroße Zwiebel
1 Knoblauchzehe, 40 g Butter
1 gehäufter EL Vollkornmehl
3 Tassen Schwarzwurzelsud
1 Möhre, ⅓ Sellerieknolle
Petersilie, Estragon, Rosmarin,
Basilikum
Salz, Curry
2 gehäufte EL Crème fraîche
2 EL Zitronensaft, 1 Eigelb
2 Tassen Gerstensprossen

Die Schwarzwurzeln waschen, schaben und sofort in Essig-Mehl-Wasser legen, damit sie nicht schwarz werden. In Salzwasser gar kochen und dann warm stellen.
Zur Saucenzubereitung die Zwiebel kleinschneiden und mit der zerdrückten Knoblauchzehe in der Butter dünsten. Das Mehl darüberstäuben, anschwitzen und mit dem Schwarzwurzelsud aufgießen. Die gewaschene und kleingeschnittene Möhre und den gewürfelten Sellerie hinzugeben, ebenfalls die kleingeschnittenen Kräuter. Mit Salz und Curry abschmecken und ca. 10 Minuten bei kleiner Hitze kochen lassen. Die Sauce vom Feuer nehmen. Crème fraîche, Zitronensaft und Eigelb cremig verrühren

und unter die Schwarzwurzelsauce rühren. Zum Schluß die gewaschenen und gut abgetropften Gerstensprossen dazugeben. Die Schwarzwurzeln in die Sauce legen. Als Beilage Reis oder Pellkartoffeln servieren.

Variation

Statt Gerstensprossen *Linsensprossen* oder ein Gemisch aus beiden nehmen.

Pellkartoffeln mit Grüner Sauce

Für 2 Personen

500 g Kartoffeln
Salz

Für die Sauce
100 g frische Kräuter aller Art
(Petersilie, Schnittlauch, etwas Dill,
Bohnenkraut, Majoran, Beinwell,
Basilikum)
1 Tasse Rettichsprossen
125 g Schmand oder Crème
fraîche
3–4 EL Milch oder süße Sahne
Pfeffer, Kräutersalz
1–2 hartgekochte Eier

Die Kartoffeln waschen und mit der Schale in reichlich Salzwasser gar kochen.
Die Kräuter und Sprossen kurz waschen und fein wiegen. Den Schmand mit der Milch cremig rühren und mit Pfeffer und Kräutersalz abschmecken. Die hartge-

kochten Eier schälen und grob hacken. Die Kräuter in den Schmand rühren und das Ganze mit den gehackten Eiern bestreuen. Die Kartoffeln erst kurz vor dem Servieren pellen.

Variation
Statt Rettichsprossen *Kresse* nehmen.

Rote Bete in Joghurtsauce mit Weizensprossen

750 g Rote Bete
½ Zwiebel, 30 g Butter
2–3 Becher Joghurt
1 Tasse Weizensprossen
2 EL geschnittener Schnittlauch

Die Rote Bete waschen und im Dampfkochtopf garen. Etwas abkühlen lassen und schälen. Die Knollen halbieren und dann in ca. ½ cm dicke Scheiben schneiden. Die kleingeschnittene Zwiebel in Butter glasig dünsten. Den Joghurt und die gewaschenen, gut abgetropften Weizensprossen dazugeben und erhitzen. Die Rote Bete in die Sauce geben und darin aufwärmen. Zur Dekoration den kleingeschnittenen Schnittlauch kurz vor dem Servieren darüberstreuen. Als Beilage Pellkartoffeln reichen.

Variation
Statt Joghurt Quark, mit Buttermilch verrührt, nehmen.

Möhren-Kartoffel-Puffer mit Weizensprossen

500 g Möhren
500 g Kartoffeln
½ EL Butter
1 Zwiebel
1 Ei
4 EL Weizenvollkornmehl
150 g geriebener Emmentaler
6 EL Weizensprossen
etwas feingewiegte Petersilie
Salz, Pfeffer, Muskat
Fett zum Ausbacken

Die Kartoffeln am Vortag kochen und erkalten lassen. Die Möhren waschen, dämpfen und auch erkalten lassen. Zusammen mit den gepellten Kartoffeln durch die Kartoffelpresse drücken. Die zuvor kleingeschnittene und in etwas Butter glasig gedünstete Zwiebel hinzufügen, ebenso das Ei. Das Weizenvollkornmehl, den geriebenen Käse und die gewaschenen und gut abgetropften Weizensprossen in den Teig rühren, mit Petersilie und den Gewürzen abschmecken und nun kräftig durcharbeiten. Falls der Teig zu klebrig ist, noch etwas Weizenmehl zufügen. Puffer formen, eventuell in Mehl wenden und in heißem Fett ausbacken. Mit Salat servieren.

Variation
Statt der Weizensprossen eignen sich auch *Linsen-* oder *Hirsesprossen*.

Geschmorte Tomaten mit Buchweizensprossen

Foto

6 Fleischtomaten
Salz, Pfeffer
1 Bund Lauchzwiebeln
etwas Butter
1 Knoblauchzehe
2 Tassen Buchweizensprossen
Thymian, Rosmarin
100 g Frischkäse
60 g geriebener Emmentaler

Die Tomaten waschen und jeweils einen Deckel abschneiden. Das Tomatenfleisch mit einem kleinen Löffel herausholen, ein Rand sollte jedoch stehen bleiben. Die Tomaten mit Salz und Pfeffer würzen. Die Lauchzwiebeln waschen, put-zen und in feine Ringe schneiden. Diese in etwas Butter glasig dün-sten. Das gewürfelte Tomaten-fleisch zugeben und, mit Thymian und Rosmarin abgeschmeckt, bei geschlossenem Deckel schmoren lassen. Die Buchweizensprossen kräftig mit Salz, Pfeffer und der durchgedrückten Knoblauchzehe würzen, mit dem Frischkäse ver-mengen und die Tomaten damit füllen. Den Deckel wieder aufset-zen. Die Tomaten in das Tomaten-Zwiebel-Gemisch setzen und bei milder Hitze 15 Minuten zuge-deckt schmoren lassen. Zuletzt mit dem geriebenen Käse bestreuen.

Variation
Statt Buchweizen- *Mungobohnen-sprossen mit Kresse* nehmen.

Grüne Nudeln mit Knoblauch und Weizensprossen

Foto

500 g grüne Bandnudeln
Salz, Öl
4–6 EL feines Olivenöl
2–4 Knoblauchzehen
4 EL gehackte Petersilie
(oder Basilikum bzw. Salbei)
2 Tassen Weizensprossen
geriebener Parmesan

Die Nudeln in reichlich kochendes Salzwasser geben, dazu 1 Schuß Öl, damit sie nicht zusammenkleben. Bißfest kochen. In der Zwischenzeit das Olivenöl in einer Pfanne erhitzen und den feingewürfelten Knoblauch und die gehackte Petersilie (bzw. Basilikum oder Salbei) sowie die gewaschenen und gut abgetropften Weizensprossen darin ca. 5–8 Minuten glasig dünsten. Die Nudeln in eine vorgewärmte Schüssel geben und die Sauce darübergießen. Nach Belieben Parmesan darüberstreuen. Dazu gibt es Tomatensalat mit reichlich Zwiebeln (und frischem Basilikum).

Variation

Statt der Weizensprossen *Gerstensprossen* nehmen. Sie sind etwas herber als die Weizensprossen.

Gemüsestrudel mit Mungobohnensprossen

250 g Weizenvollkornmehl
3 EL Öl
100–125 ml warmes Wasser
½ TL Salz
Fett für die Form
Öl zum Bepinseln

Für die Füllung
500 g Gemüse, z. B. Lauch,
Sellerie, Möhren, Zucchini
20 g Butter
1 Knoblauchzehe
Salz
Petersilie, Basilikum, Thymian
2 Tassen Mungobohnensprossen
150 g pikanter Käse
1 Becher saure Sahne

Aus dem Weizenvollkornmehl die Kleie aussieben. Mit Öl, Wasser, dem Mehl und Salz einen Strudelteig herstellen. Dazu zuerst das Öl, dann das Wasser löffelweise in das Mehl geben und alles zunächst mit einem Rührlöffel vermengen, später mit den Händen auf einem bemehlten Brett verkneten. Der Teig muß gut durchgeknetet werden. Den Teig zu einer Kugel formen, mit Öl bestreichen und 1 Stunde ruhen lassen.
In der Zwischenzeit das Gemüse putzen und kleinschneiden. In der Butter mit der kleingeschnittenen Knoblauchzehe dünsten, Salz und die Kräuter dazugeben. Das Gemüse auskühlen lassen und die gewaschenen Mungobohnen-

sprossen untermischen. Den Käse reiben (2 EL Käse zurückbehalten) und ebenfalls dazumischen.
Den Teig auf einem bemehlten Tuch sehr dünn ausrollen. Die saure Sahne darauf verstreichen und die Gemüse-Sprossen-Mischung daraufgeben. Den Teig mit Hilfe des Tuches zusammenrollen und in eine gefettete Auflaufform geben. Mit Öl bepinseln und den restlichen Käse darüberstreuen. Bei 200 °C ca. 45 Minuten im vorgeheizten Ofen backen. Dazu paßt Salat.

Variation

Statt der Mungobohnensprossen schmecken auch *Azukibohnensprossen* gut.

Gemüse-Lasagne mit Mungobohnensprossen

Für den Nudelteig
250 g Weizenvollkornmehl
2 Eier
2–3 EL Wasser
Salz

Für die Gemüsefüllung
500 g Gemüse, z. B. Möhren,
Lauch, Zucchini und Tomaten
1 mittelgroße Zwiebel
1 Knoblauchzehe
30 Butter
Butter für die Form
2 Tassen Mungobohnensprossen
2 EL gehackte Kräuter (Petersilie,
Basilikum, Majoran, Thymian)

Hauptgerichte

Für die Sauce
1 Ei, 5 EL Sahne, Salz
200 g geriebener Käse, z. B.
mittelalter Gouda

Den Nudelteig aus Mehl, Eiern, Wasser und etwas Salz glatt zusammenkneten, gut durchkneten und dünn ausrollen. In ca. 10 × 10 cm große Quadrate schneiden. Diese in reichlich kochendes Salzwasser einlegen und in ca. 5 Minuten bißfest garen. Herausnehmen und auf einem Gitter abtropfen lassen.
Das Gemüse waschen, putzen und in Scheiben schneiden. Die kleingeschnittene Zwiebel zusammen mit dem feingewürfelten Knoblauch in Butter glasig dünsten, das Gemüse kurz dazugeben und nur halbgar dünsten. Eine gut gebutterte Auflaufform (Ø 25 cm) mit der Hälfte der Nudelblätter auslegen. Darauf Gemüse, Sprossen und Kräuter verteilen und mit den restlichen Nudeln abdecken.
Das Ei mit der Sahne verquirlen, etwas salzen und über die Lasagne gießen. Den feingeriebenen Käse darüberstreuen. Im vorgeheizten Backofen bei 200 °C ca. 25–30 Minuten backen.

Variation
Zur Füllung der Gemüse-Lasagne eignen sich gut *Alfalfasprossen mit Kresse* statt der Mungobohnensprossen oder eine Mischung aus Möhren, Lauch und *Azukibohnensprossen.*

Kartoffel-Weißkohl-Auflauf mit Roggensprossen

750 g Kartoffeln
Butter für die Form
Salz
½ Zwiebel
30 g Butter
750 g Weißkohl, Kümmel
2 Tassen Roggensprossen
5 EL süße Sahne, 1 Ei
150 g pikanter, grobgeraspelter Käse

Die am Vortag gekochten Kartoffeln in Scheiben schneiden und die Hälfte davon in eine gebutterte Auflaufform geben, etwas salzen. Die Zwiebel in Butter glasig dünsten und über die Kartoffeln verteilen. Den Kohl putzen und in Streifen schneiden. In reichlich Wasser und mit etwas Kümmel ca. 5 Minuten kochen. Abseihen und in die Auflaufform über die Kartoffelscheiben geben. Die gewaschenen Roggensprossen darüberstreuen und alles mit den restlichen Kartoffelscheibchen abdecken. Etwas salzen. Die Sahne mit dem Ei verrühren und darübergießen. Zuletzt den Käse einstreuen. Den Auflauf in ca. 25 Minuten im vorgeheizten Backofen bei 200 °C überbacken. Dazu einen grünen Salat reichen.

Variation
Statt der Roggensprossen können auch *Weizensprossen* genommen werden.

Gemüse-Bulgour mit Azukibohnensprossen

3 Tassen Bulgour (Weizengrütze, in türkischen Geschäften erhältlich)
18 Tassen Wasser
Salz
1 Chilischote
5 Möhren
etwas Butter
3 Tassen Azukibohnensprossen
Pfeffer
4 EL Petersilie

Den Bulgour in Salzwasser mit der Chilischote aufkochen und bei niedriger Hitze gar kochen, die letzten 5 Minuten quellen lassen. Das Wasser sollte ganz verkocht sein. In der Zwischenzeit die Möhren waschen, putzen und in Scheiben schneiden. In Butter andünsten, die Azukibohnensprossen kurz mitdünsten. Das Gemüse unter den Bulgour geben, salzen, pfeffern und die gehackte Petersilie dazumischen. Eignet sich als Beilage.

Variation
Statt Möhren und Azukibohnensprossen können alle Arten von Gemüse und Sprossen untergemischt werden, z.B. Lauch, Zwiebeln und *Linsensprossen.*

Gefüllte Kartoffelknödel mit Rosenkohl   Foto

Für den Kartoffelteig
750 g Kartoffeln
3 EL Weizenvollkornmehl
Salz, Muskat
2 Eier

Für die Füllung
2 Tassen gemischte Sprossen, z.B. Linsen-, Rettich-, Bockshornkleesprossen

Für die Beilage
750 g Rosenkohl
½ Zwiebel
200 g Schinken
40 g Fett
2–3 EL Sojabohnensprossen

Den Kartoffelteig am Vortag zubereiten: Die in der Schale gekochten Kartoffeln noch heiß schälen und durchpressen (oder reiben), auskühlen lassen; Mehl, Salz und Muskat darüberstreuen, die verschlagenen Eier darübergeben und alles schnell zu einem Teig verarbeiten. Mit bemehlten Händen Knödel formen. Dazu den Teig zu einer Rolle formen, davon fingerdicke Scheiben abschneiden. In die Mitte der Scheiben eine Portion Sprossenmischung drücken und den Knödel drumherum formen. Die Knödel müssen glatt sein, damit sie sich beim Kochen nicht auflösen. Die Knödel werden vorsichtig in einen Topf mit reichlich leicht köchelndem Salzwasser

legen und in ca. ½ Stunde garziehen lassen. Das Wasser darf dabei nicht kochen!

In der Zwischenzeit den geputzten Rosenkohl in Salzwasser gar kochen, abseihen, warm halten, daneben die Zwiebel kleinschneiden, den Schinken in feine Streifen schneiden. Beides zusammen in Fett anbraten, evtl. etwas Wasser zufügen und die Sojabohnensprossen ca. 10 Minuten mitkochen lassen. Zum Schluß den Rosenkohl dazugeben. Die Knödel mit dem Rosenkohlgemüse zusammen servieren.

Gerstenpudding mit Spinat und Kressesprossen

1 Tasse Gerste
2 Tassen Wasser
½ TL Kräutersalz
1 Lorbeerblatt
1 TL Hefeextrakt
Butter und Semmelbrösel für die Form
500 g Blattspinat
1 große Zwiebel
150 g Butter
4 Eier, getrennt
2 EL Weizenschrot
1 Tasse Kressesprossen
feingewiegte Petersilie
Hefeextrakt
Salz, Pfeffer, Muskat

Die Gerstenkörner mit Wasser und Gewürzen zusammen kurz aufkochen und dann zugedeckt bei mittlerer Hitze 30 Minuten garen lassen. Evtl. Wasser nachgeben. In der Zwischenzeit die Puddingform mit weicher Butter gut ausstreichen und mit Semmelbröseln ausstreuen. Den Spinat verlesen, waschen und in Salzwasser kurz blanchieren. Gut abtropfen lassen und zusammen mit der kleingeschnittenen und gedünsteten Zwiebel in ca. 40 g Butter kurz andünsten. Die restliche Butter schaumig rühren, die Eigelbe und den Weizenschrot untermischen. Die Gerstenkörner, die gewaschenen Kressesprossen, die Petersilie und den Spinat zugeben. Mit Hefeextrakt,

Salz, Pfeffer sowie Muskat abschmecken. Das steifgeschlagene Eiweiß vorsichtig unterziehen und alles in die Puddingform geben. Im vorgeheizten Ofen bei 200 °C im Wasserbad ca. 1–1,5 Stunden garen. Dazu einen Blattsalat servieren.

Möhrenküchle mit Roggensprossen
Für 2 Personen

2–3 Tassen Roggensprossen
300 g Möhren
2 Eier
1 Zwiebel
frische Petersilie
Kräutersalz, Pfeffer
1 EL Weizengrieß
Hefeextrakt
Öl zum Backen

Die Roggensprossen waschen und gut abtropfen lassen. Die Möhren waschen und fein reiben. Die Sprossen mit den geriebenen Möhren, den Eiern und der feingehackten Zwiebel mit mischen und mit der Petersilie, Kräutersalz, Pfeffer und Hefeextrakt abschmecken. Den Weizengrieß zugeben und rühren, bis eine formbare Masse entsteht. Es muß dabei berücksichtigt werden, daß der Grieß noch quillt. Deswegen läßt man den Teig ca. 15 Minuten ruhen. Aus dem Teig Küchle formen und in der Pfanne in etwas Öl goldgelb ausbraten. Dazu gibt es Salat.

Hauptgerichte

Lothringischer Käsekuchen mit Linsensprossen

Für 6–8 Personen

Für den Teig
250 g Weizenvollkommehl
¼ TL Salz
4–5 EL eiskaltes Wasser
90 g eisgekühlte Butter

Für die Füllung
⅜ l Sahne, 2 Eier, 2 Eigelb
80 g geriebener Emmentaler
20 g geriebener Parmesan
150 g Linsensprossen (etwas mehr
als 1 Tasse)
Salz, Pfeffer

Das Mehl in eine Schüssel geben, die Butter in kleinen Stücken zugeben. Mit den Fingerspitzen Mehl und Butter zu kleinen Flöckchen vermengen. Das Wasser zugeben, alles schnell zusammenkneten und den Teig zu einer Kugel formen. Diese in Pergamentpapier hüllen und mindestens 3 Stunden im Kühlschrank kalt stellen. Dann den Teig kreisrund auswellen und eine flache, runde Form damit auslegen. Nur an den Rändern andrücken, mit einer Gabel mehrmals in den Boden stechen. Nochmal 1 Stunde kalt stellen.
Sahne, Eier und Eigelb verquirlen. Den Käse und die Linsensprossen zufügen. Mit Salz und Pfeffer abschmecken. Die Fülle in die Teigform gießen. Butterflöckchen daraufsetzen und im vorgeheizten Ofen bei 200 °C in rund 20 Minuten goldgelb backen. Dazu passen Weißbrot und Blattsalat.

Variation
Statt Linsensprossen *Weizensprossen* nehmen.

Pfannkuchen mit Käse, Rettich- und Senfsprossen

3 Eier, ½ l Milch
375 g Vollkommehl, Salz
150 g mittelalter Gouda
Fett zum Ausbacken
½ Tasse Rettichsprossen
½ Tasse Senfsprossen

Eier und Milch verquirlen, das Mehl darunterrühren. Mit Salz abschmecken. Den Käse in kleine Scheibchen schneiden. Wenig Fett in der Pfanne erhitzen und jeweils eine kleine Portion Teig in die Mitte der Pfanne geben. Durch Schwenken der Pfanne den Teig gleichmäßig dünn verteilen. Sofort etwas vom Käse und den Sprossen daraufstreuen. Den Pfannkuchen anbacken lassen, wenden und nur noch kurz von der anderen Seite backen. Die fertigen Pfannkuchen im Backofen warm halten. Dazu gibt es Salat.

Variation
Es eignen sich *alle grünen pikanten Sprossen* in beliebiger Kombination auch nur *Linsensprossen*.

Spinatauflauf
mit Weizensprossen
Foto

150 g Naturreis Salz
200 g Emmentaler 2 Eier
Pfeffer, Muskat
2 EL gehackte Petersilie
500 g Spinat (frisch oder
tiefgekühlt)
1 Tasse Weizensprossen
Butter für die Form

Den Naturreis in Salzwasser gar kochen und abkühlen lassen. Den Käse fein reiben und unter den erkalteten Reis mischen. Die Eier verquirlen, mit Salz, Pfeffer und Muskat abschmecken, die Petersi- lie zufügen und unter das Reis-Käse-Gemisch geben. Den frischen, geputzten und in Salzwasser blanchierten Spinat (oder den aufgetauten Tiefkühlspinat) etwas zerkleinern und zusammen mit den gewaschenen Weizensprossen in die Reis-Käse-Eier-Mischung rühren. Die Masse in eine gebutterte Auflaufform füllen und im vorgeheizten Ofen bei 175 °C ca. 35 Minuten backen. Dazu frischen Salat reichen.

Variation
Statt mit Weizensprossen den Auflauf mit einer entsprechenden Menge *Linsensprossen* zubereiten.

Gefüllte Quarkölteig-Taschen

Foto

Für den Teig
125 g Quark
1 Ei, 1 EL Milch
½ TL Salz, 4 EL Öl
250 g Weizenvollkornmehl
2 gehäufte TL Backpulver

Für die Füllung
200 g Gemüse, z.B. Lauch,
Möhren, Sellerie
30 g Butter
1 Knoblauchzehe
2 EL Petersilie
2 Tassen Sprossen, z.B. Rettich-,
Linsen- und
Bockshornkleesprossen
2 EL Crème fraîche
Salz

Den Quark mit Ei und Milch verrühren, salzen und das Öl unterrühren. Die Hälfte des Mehles, mit Backpulver vermischt, unterrühren, die andere Hälfte unterkneten. Den Teig so lange kneten, bis er geschmeidig ist.

Das Gemüse waschen, putzen und in kleine Würfel schneiden. In der zerlassenen Butter zusammen mit der zerdrückten Knoblauchzehe ca. 5 Minuten dünsten. Dann die Petersilie und die gewaschenen Sprossen zugeben und Crème fraîche dazurühren. Salzen.

Den Teig dünn ausrollen und in ca. 8 × 16 cm große Stücke schneiden. Die Gemüsemischung portionsweise auf eine Teighälfte füllen und die andere darüberklappen. Die Ränder fest andrücken. Die Taschen auf ein gefettetes Blech legen und im vorgeheizten Ofen bei 175 °C ca. 25 Minuten backen. Dazu passen Salate der Saison.

Hauptgerichte

Hirsotto mit Azukibohnensprossen

2 Tassen Hirse
1 Zwiebel
etwas Butter
6 Tassen Gemüsebrühe
Kräutersalz, Pfeffer
Hefeextrakt
2 Tassen Azukibohnensprossen

Die Hirse zunächst mit kaltem, dann mit heißem Wasser waschen und anschließend in einem weiten Topf bei schwacher Hitze unter ständigem Rühren trocknen. Die Zwiebel kleinschneiden und in wenig Butter dünsten. Die Gemüsebrühe darübergießen und zum Kochen bringen. Hirse und die Gewürze einstreuen, kurz aufkochen und dann zugedeckt bei schwacher Hitze in ca. 15 Minuten garen lassen. Die gewaschenen und gut abgetropften Azukibohnensprossen dazugeben und weitere 5 Minuten garen. Vor dem Servieren etwas Butter unterrühren.

Variationen

▷ Das Hirsotto läßt sich gut mit gedünstetem Gemüse sowie frischen Kräutern mischen und als Hauptgericht servieren. Mit etwas saurer Sahne und Knoblauch kann es verfeinert werden.

▷ Statt frischer Kräuter kann auch eine *Mischung aus Kresse- und Alfalfasprossen* untergemischt werden.

Reis mit Bockshornkleesprossen

Für 2 Personen

½ Zwiebel, mit 3 Nelken gespickt
1 Tasse Naturreis
Salz
4 Tassen Wasser
Curry
1 Tasse Bockshornkleesprossen
Butterflöckchen

Die mit den Nelken bespickte Zwiebel zusammen mit dem Reis in Salzwasser knapp gar kochen. Den Reis noch etwas nachquellen lassen. Mit Curry abschmecken und die Bockshornkleesprossen untermischen. Nach Belieben mit Butterflöckchen verfeinern. Dieser Reis ist eine gute Beilage zu gedünstetem Gemüse wie Zucchini, Möhren oder Tomaten.

Rührei mit Sprossen

Für 1 Person

3 Eier
3–4 EL Milch, Sahne oder Wasser
Salz, Pfeffer, Muskat
1 Knoblauchzehe
1 Lauchstange ohne grüne Blätter
1 Tasse Weizensprossen
Öl zum Braten
2–3 EL Kressesprossen

Die Eier verquirlen, Milch, Sahne oder auch nur Wasser zugeben. Mit den Gewürzen abschmecken.

Hauptgerichte

Die Knoblauchzehe durchdrücken und auch zugeben. Den Lauch von den äußeren Blättern befreien und in feine Ringe schneiden, waschen. Die Weizensprossen ebenfalls waschen. Öl in der Pfanne heiß werden lassen und die Lauchringe glasig dünsten. Die Weizensprossen dazumischen und sofort danach das gut verqurlte Ei zugeben. Bei niedriger Hitze vorsichtig stocken lassen. Mit einem Holzlöffel die gestockten Partien vom Pfannenboden heben und vorsichtig die Kressesprossen dazustreuen. Das Ei sollte noch cremig sein, wenn es vom Herd genommen wird.

Variation

Statt Weizensprossen *Linsensprossen,* statt Kresse- die milden *Luzernesprossen* nehmen.

Omelett, gefüllt mit Champignons und Alfalfasprossen

8 Eier
2 EL Sahne oder Milch
2 EL Weizenvollkommehl
Salz
Öl oder Butter zum Ausbacken
250 g Champignons
Saft von ½ Zitrone
1 Knoblauchzehe
2 Tassen Alfalfasprossen

Die Eier trennen. Zuerst den Eischnee schlagen. Das Eigelb mit der Milch verquirlen. Weizenmehl und etwas Salz zugeben und zuletzt den Eischnee vorsichtig unterziehen. Das Fett in der Pfanne heiß werden lassen und den Teig etwa fingerdick hineingeben. Auf milde Hitze schalten und die Pfanne mit einem gut schließenden Deckel schließen. Das Omelett ca. 10–12 Minuten backen, bis die Oberfläche anfängt, fest zu werden. Das Omelett auf einen vorgewärmten Teller gleiten lassen. Die zuvor gewaschenen und vorsichtig gedünsteten Champignons mit etwas Zitronensaft und einer durchgedrückten Knoblauchzehe abschmecken und mit den gewaschenen Alfalfasprossen vermengen. Von dieser Mischung je 1 Portion auf eine Hälfte des Omeletts geben und die andere Hälfte darüberklappen.

Variationen

▷ Statt Alfalfasprossen eine *pikante Sprossenmischung* mit *Kresse, Senf und Rettich* verwenden.
▷ Statt der Champignons separat gedünstetes Gemüse wie Zucchini oder Spargel reichen.

Süßspeisen und Aufstriche

Süßspeisen und Aufstriche

Trauben-Bananen-Salat mit Roggensprossen

500 g grüne Tafeltrauben
2 Bananen
2 Tassen Roggensprossen
2 EL gehackte Walnüsse
Saft von 1 Zitrone
1 Kiwifrucht

Die Trauben waschen, halbieren, die Kerne entfernen. Die Bananen schälen und in feine Scheiben schneiden. Die Roggensprossen waschen. Trauben, Bananen, Sprossen und die gehackten Walnüsse gut mischen und mit dem Zitronensaft beträufeln. Zur Dekoration die geschälte und in 5 Scheibchen geschnittene Kiwifrucht in die Mitte des Salates legen. Vor dem Servieren etwas ziehen lassen.

Bananencreme mit Leinsamensprossen
Für 3 Personen

4 vollreife Bananen
Saft von ½ Zitrone
½ TL Zimt
1 Messerspitze Ingwerpulver
⅛ l süße Sahne
2 EL geriebene Haselnüsse
1 EL ganzer Buchweizen
2–3 EL Leinsamensprossen
etwas Honig

Die Bananen schälen und mit einer Gabel zerdrücken (oder im

Mixer bzw. mit dem Handrührstab cremig schlagen). Zitronensaft, Zimt, Ingwer und die steifgeschlagene Sahne zugeben. Haselnüsse und Buchweizen in einer Pfanne ohne Fett rösten, bis sie zu duften beginnen. Die gut gewaschenen und abgetropften Leinsamensprossen und das Buchweizen-Haselnußgemisch – etwas zur Dekoration zurückbehalten – unter die Creme ziehen. Die Creme mit Honig abschmecken und mit den Nüßchen bestreuen.

Gefüllte Äpfel mit Hafersprossen

6–8 mürbe Äpfel
Butter für die Form
½ Tasse Rosinen
½ Tasse Hafersprossen
1 EL Pinienkerne
2 EL geriebene Haselnüsse
Zimt, Ahornsirup
ca. 12 EL Weißwein
Butterflöckchen

Die Äpfel schälen, das Kernhaus ausstechen und noch etwas weiter aushöhlen. In eine gebutterte Auflaufform setzen. Rosinen, Hafersprossen, Pinienkerne und geriebene Haselnüsse mischen und mit Zimt und Ahornsirup abschmekken. Dieses Gemisch in die Äpfel füllen (am besten mit einem Teelöffel). Jeden Apfel mit 1–2 EL Weißwein beträufeln, Butterflöckchen darauf verteilen, evtl. noch

Süßspeisen und Aufstriche

etwas Ahornsirup darüberträufeln. Zugedeckt 30 Minuten bei 200 °C im vorgeheizten Backofen garen.

Variation
Statt der Hafersprossen eine entsprechende Menge *Hirsesprossen* nehmen.

Quarkspeise mit Hirsesprossen
Für 2 Personen

1 Ei
200 g Quark (20%)
2–3 EL Honig
½ TL Zimt
Saft von ½ Zitrone
2 Äpfel
½ Banane
2 Tassen Hirsesprossen
2 El geriebene Haselnüsse
etwas gerösteter Sesamsamen

Das Ei trennen und den Eischnee schlagen. Den Quark mit dem Eigelb cremig rühren und mit Honig, Zimt und Zitronensaft abschmekken. Die gewaschenen Äpfel ohne Kernhaus reiben, die Banane schälen und in feine Stücke schneiden, beides zusammen mit den gewaschenen und gut abgetropften Hirsesprossen und den Haselnüssen zur Creme geben. Zuletzt den Eischnee unterziehen. Mit gerösteten Sesamsamen und Honig dekorieren.

Eierpfannkuchen mit Apfel-Hafersprossen-Füllung

4 Eier
Salz
2 Tassen Milch
1 Tasse Mineralwasser
250 g Weizenmehl
1–2 EL Rum
Butter zum Ausbacken

Für die Füllung
4–5 süßsaure, saftige Äpfel
Zucker, Zimt
abgeriebene Zitronenschale
1 Tasse Hafersprossen
2 EL Rosinen
etwas Puderzucker

Die Eier mit etwas Salz schaumig schlagen. Milch, Wasser und Rum zugeben, zuletzt das Mehl. Wenig Butter in der Pfanne heiß werden lassen, je eine kleine Schöpfkelle Teig hineingeben, durch Schwenken der Pfanne gleichmäßig verteilen, zu dünnen Pfannkuchen braten.
Für die Füllung die Äpfel mit der Schale in feine Stückchen schneiden. Mit Zucker (oder Honig), Zimt und etwas Zitronenschale abschmecken. Die Hafersprossen und Rosinen untermischen. Etwas ziehen lassen. Je 1 Portion davon auf eine Hälfte jedes Pfannkuchens geben, die andere Hälfte darüberklappen. Vor dem Servieren mit ein wenig Puderzucker bestreuen.

Süßspeisen und Aufstriche

Müsli mit Buchweizensprossen

Foto

Für 1 Person

1 kleine Möhre
1 EL ganzer Buchweizen
1 EL Buchweizensprossen
3 EL Dickmilch
2 EL Hafer- oder Weizenflocken
Honig, Zimt, etwas Zitronensaft

Die Möhre waschen, putzen und mittelfein raspeln. Den Buchweizen in einer Pfanne ohne Fett kurz anrösten, bis er anfängt zu duften. Die geraspelte Möhre und die Buchweisensprossen mit Dickmilch und den Flocken vermischen. Mit Honig, Zimt und Zitronensaft abschmecken. Mit den gerösteten Buchweizennüßchen und etwas Honig garnieren.

Variation
Schmeckt auch gut mit *Hafersprossen.*

Frischkornmüsli mit Weizensprossen

Foto

Für 1 Person

2 EL frisch geschroteter Weizen
4 EL Wasser
3 EL Dickmilch
1 EL grobgehackte Haselnüsse
1 EL Rosinen
1 EL Buchweizenmehl
½ Apfel
1 EL Weizensprossen
etwas Honig zum Süßen

Am Vorabend den Weizenschrot mit Wasser zu einem dicken Brei anrühren und zugedeckt im Kühlschrank quellen lassen. Am Morgen zunächst die Dickmilch unterrühren. Die Haselnüsse, die gewaschenen Rosinen, das Buchweizenmehl, den geriebenen halben Apfel und die gewaschenen Weizensprossen untermischen. Mit Honig nach Belieben süßen.

Variation
Statt Dickmilch Milch oder Joghurt nehmen. Nach Belieben mit etwas flüssiger Sahne abrunden.

Kräuterquark mit Sprossen als Brotaufstrich

200 g Quark (20%)
etwas Milch oder süße Sahne
Kräutersalz, weißer Pfeffer
1 Knoblauchzehe
1 EL Rettichsprossen
1 EL Senfsprossen
2 EL Kressesprossen

Den Quark mit der Milch oder Sahne cremig rühren. Salz, Pfeffer und den feingehackten Knoblauch dazugeben. Die Sprossen kurz abschneiden und kurz vor dem Servieren unter den Quark mischen.

Variation
Schmeckt auch gut nur mit Kresse- oder nur mit Rettichsprossen.

Süßspeisen und Aufstriche

Frischkäseaufstrich mit grünen Sprossen
Wenn viele Gäste geladen sind

1 Zwiebel
je 1 EL Kresse-, Rettich- und
Senfsprossen
200 g Doppelrahmfrischkäse
125 g weiche Butter
Paprikagewürz

Die Zwiebel kleinschneiden. Die Sprossen abschneiden, also ohne Wurzeln verwenden. Den Frischkäse mit einer Gabel zerdrücken und die Butter untermischen. Die Zwiebel und das Paprikagewürz zugeben, zuletzt die Sprossen. Vor dem Servieren im Kühlschrank kalt stellen.
Als Dekoration kleine Paprikastreifen aufs Brot legen.

Pikanter Brotaufstrich mit Kressesprossen
Reicht für 8–10 Scheiben Brot

70 g weiche Butter oder Margarine
1 Tomate
6 grüne, gefüllte Oliven
1 Sardellenfilet
1 EL Kressesprossen
Kräutersalz, Pfeffer, Estragon
1 Knoblauchzehe
etwas Sojasauce

Die Butter cremig rühren. Die Tomate kurz in heißes Wasser tauchen, damit die Haut platzt. Die Tomate enthäuten, abkühlen lassen und dann würfeln. Die Oliven und das Sardellenfilet kleinschneiden. Die Kresse abschneiden und kurz waschen. Tomate, Oliven und Sardellenfilet pürieren (Mixer) und mit den Gewürzen, der feingehackten Knoblauchzehe, etwas Sojasauce und der feingewiegten Kresse unter die cremige Butter mischen. Den Brotaufstrich vor dem Servieren kalt stellen.

Brotaufstrich mit Eiern und Senfsprossen
Reicht für 8–10 Scheiben Brot

60 g weiche Butter oder Margarine
2 am Vortag hartgekochte Eier
2 EL Senfsprossen
½ TL Kräutersalz, Pfeffer
1 TL Meerrettich

Die Butter cremig rühren. Die Eier schälen und fein hacken. Die Senfsprossen ohne Wurzeln fein wiegen und zusammen mit den Gewürzen und dem Meerrettich unter das Streichfett mengen. Die bestrichenen Brote mit ganzen Senfsprossen (ohne Wurzeln) garnieren.

Bezugsquellen

Keimgeräte und die zum Keimen-lassen notwendigen Samen und Körner sind inzwischen in jedem Naturkostladen und Reformhaus erhältlich. Sie können Geräte und Samen aber auch direkt beim Hersteller oder der Vertriebsfirma bestellen.

Keimgeräte

Biokosma GmbH
Postfach 55 09
7750 Konstanz 12
→Biosnacky

Reinhard Birkmann Vertrieb
Twellbachtal 81
4800 Bielefeld 1
→ Bioset

Goldbachmühle
Fink GmbH
Daimlerstr. 3
7033 Herrenberg
→Keimfrischbox

Markus Bihler
Am Bollenberg 3
7706 Eigeltingen
→Keim-Box

hawo's Kornmühle
Wolfgang Mach
Habitzheimer Str.
6111 Otzberg-Lengfeld
→Hawo's Tonkeimer

Samen

Julius Wagner GmbH
Eppelheimer Str. 20
6900 Heidelberg

Ernst Otto Cohrs
Am Bahnhof
2720 Rotenburg/Wümme

Blauetikett Bornträger GmbH
6521 Offstein

Schnitzer GmbH
Feldbergstr. 11
7742 St. Georgen

Biogarten
Roswitha Weber-Emmerling
Freisinger Landstr. 44
8000 München 45

Register

Register

Rezeptregister nach Sprossenarten

(*kursiv* gedruckte
Rezepte sind
Variationen)

BLV Kochbücher – für die gesunde Ernährung

Barbara Böttner

Die neue Vollwertküche

Die pfiffigen Vollwertgerichte für Feinschmecker sind der Beweis, daß Gesundheit und Genuß kein Gegensatz sind, ja sich sogar hervorragend ergänzen. Die Autorin stellt Schlemmerrezepte vor, die alle Regeln der Vollwertkost erfüllen: farbenfrohe Salate, extravagante Suppen und Getreidegerichte, delikate Gemüsegänge und köstliche Desserts. Ein Profi-Bäcker gewährt Einblick in seine Bio-Backstube. Der ideale Rezeptfundus für die anspruchsvolle Gästeküche – wobei die Zubereitung verblüffend einfach ist.

143 Seiten,
38 Farbfotos

Kirsten Skaarup

Es schmeckt auch ohne Fleisch

Nicht nur für Vegetarier: mehr als 200 Rezepte als Grundgerüst für 52 interessante Menüs, eine Einführung in die fleischlose Kochweise und Zutaten.

2. Auflage, 135 Seiten,
4 Farbfotos,
zahlreiche Zeichnungen

BLV Essen und genießen 531

Barbara Böttner

Vegetarische Vollwertkost

Ein Rezeptangebot vom Frühstück bis zum Abendessen: für Müslis, Brot und Brötchen, Brotaufstriche, Rohes und Frisches, für gekochte, gebratene und gebackene Getreidegerichte. Die meisten Rezepte dieses Buches verzichten auf tierisches Eiweiß oder nennen alternative Zutaten, wie z. B. Sojamilch.

2. Auflage, 95 Seiten, 25 Farbfotos

BLV Verlagsgesellschaft München